文鮮明先生の み言に学ぶ 統一原理

【前編】

光言社

序にかえて──「原理講義」について

「原理講義」の意義

原理講義を一回より二回、二回より十回、十回より百回すれば、講義した回数に比例して痛快さを感じるようになります。また、原理のどの部分を用いても、誰とでも対決できる実力を備えるようになったことが分かれば、誰もが喜ばざるを得ません。このような活動の結果を通して自分の実力が増進する喜びを感じることができないので、活動したいという意欲を失ってしまうのです。したがって、郡なら郡などのある対象地を選択して計画を立てて実践するときに、自分の実力を増進させ、培うという立場で努力すれば、皆さんは無限に発展するでしょう。(二九─一八八、一九七〇・二・二八)

原理講義をたくさん繰り返すことによって、「統一原理」の奥深いところや、高く広いところを判断できます。自分に要求されるものや最も必要とするものを、すべて自分のものとして選んで所有することができるのです。

運動競技の世界的なチャンピオンは、誰もまねできないくらいに反復した人です。それしかないというのです。私はそのように考えます。それが結論であり、それが真理です。

ですから、原理講義をどのくらいたくさん繰り返したかということが、心情的な面や、あらゆる面の人格が育つ契機になるのです。（六六―三〇九、一九七三・五・一七）

結局、食口（シック）の増加率は、原理講義の回数に比例するのです。ほかのものではありません。今までの科学的なデータを世界的に調べてみると、そうだというのです。盲目的に伝道してはいけません。方法がすべて組まれています。二日修練会、三日修練会、七日修練会、二十一日修練会、四十日修練会、四十日修練までしなければなりません。食口にしようとすれば、そのようにしなければならないのです。（一七二―四五、一

九八八・一・七）

「原理講義」をする人の立場

皆さんの立場は、直接的な立場ではありません。間接的な立場です。ですから、間接的な立場は、いつも直接的な立場を忘れてはいけないということです。その立場をとらなければ、心情の一致点をもたらすことができません。

巡回するときも、自分自身が行くのではありません。自分が行くのではないのです。先生の代わりに行かなければなりません。そして、何かを見るときも、「ああ、神様はどのように思われるだろうか。先生はどのように思われるだろうか」と思えば、その時間がどれほど恩恵の時間になるでしょうか。

このような観点から考えてみるとき、今のように、金某(なにがし)なら金某の立場に立って原理講義をしてはいけないというのです。その原理講義は、み言(ことば)だけを伝えるものではありません。神様を伝え、神様の実体を伝え、神様の実体理想、先生が今まで蕩減(とうげん)復

帰してきた歴史的な事実を伝えなければなりません。（一五七―二六一、一九六七・四・一〇）

講義するところには、再創造の力が投入されなければなりません。再創造の力だけでなく、愛の力も投入されなければなりません。なぜですか。創造の出発は、愛の対象者のための理想の愛を成就させようとしたことです。ですから、自分のすべての知識と性稟（せいひん）的要素ももちろんですが、心情の要素まで愛を中心として投入しなければなりません。それが創造の正常な原則でした。

神様自身もそのようにしました。すべてのものを備えたその方も、必要なものは愛です。愛は永遠不変です。永遠に同居できる配偶者を立てようとするので、のらりくらりしていては駄目です。自ら自分の生命を投入しなければなりません。

「心をつくし、精神をつくし、思いをつくして、主なるあなたの神を愛せよ」と言われた、そのような心で投入しなければなりません。神様も同じです。自分の愛の相対を立てるために、心を尽くし、精神を尽くし、思いを尽くしたのです。神様が、愛の対象である皆さんのために、すべてのものを投入したということです。そのみ言が私たちだけに該当するみ言ではなく、神様もそのようにしたのです。そのようにしたから、「そのようにしなさい」と指示できるのではないですか。それ以上にしたので、そのように教えてあげることができるのです。できなかったら、どちらも偽者になります。真実の立場、主体性をもった立場で、自分が中心的立場に立ち、そのような実績基盤の上に立ったので、そのような指示をしても、周辺のすべての存在物が反抗せずに順応できるのです。それが天地の法度です。復帰歴史は再創造歴史です。再創造を誰がするのですか。自分たちができますか。神様の立場でするのです。

(一七二―一九三、一九八八・一・二二)

「原理講義」をする人の姿勢

再創造の役事をしようとすれば、神様のみ言を通して相対に影響を及ぼすことのできる動機と過程の因縁を結ばなければ、実体的な再創造は不可能です。

神様が天地を創造されるとき、原理を中心として神様が心情の主体となり、原理と一つになって対象をつくられたのです。ですから、私自身に余裕がなければなりません。講義をするときに、原理全体の骨子を考えることにすべての神経を注ぎながら、頭ばかりを使って講義してはいけません。自分の心に神様をお迎えし、神様が臨在して自分と一つになれる、そのような余裕が心の底になければならないのです。

それがなければ、神様がどうやって活動されるのですか。講義の骨子ばかりにとらわれていてはいけません。

ですから、講義をするときは、それらはすべて自動的に分かっている立場で心に余裕をもち、「神様は何を願われるのだろうか。このようなみ言を中心として考えてみるとき、神様がどれほど苦労されただろうか」ということを感じながら、心情が誘発されるように相対の立場に立つのです。心で神様と授受作用できる相対的基準をつくらなければなりません。

それだけでなく、神様と一つになると同時に、相対圏が神様のみ言と主体的な神様の能力と私と一つになって再創造されることを感じなければならないのです。必ず新しくつくり直さなければなりません。つくり直すのは原理がするのですか。神様がつくり直してくださるのです。皆さんが神様の心情的な相対になれば、神様の力がそこに臨在して対象を動かすことができます。原理がそうです。主体と対象が授受作用すれば繁殖が起きるのではないですか。これが原理を活用した講義の方法です。

再創造の役事なのですから、神様が主体になり、私が協助する足場になって授け受けする力があってこそ、繁殖して第三対象が復帰されるのではないですか。それが再創造です。それが原理観だというのです。また、それが原理講義をする人として、備えるべき姿勢です。（六八―九七、一九七三・七・二三）

皆さんが講義するときは、神様が愛するみ旨や先生がこのみ旨のために生きてきた基準があり、私たちはそのみ旨のために生きなければならない子女の立場にいるのですから、必ず天を中心として神様に祈りなさいというのです。

何のためにこのようなことをするのでしょうか。何が目的かというと、天の人格を蘇生（そせい）させてあげ、その人格を本来どおりに再創造することです。そのためには、皆さんに心情基準がなければなりません。ですから、祈るのです。

そして、講義の最後には、皆さんが何を講義するのかというと、必ず現在の先生の立場を一言言わなければなりません。先生の過去と現在の立場がどうだということを、常に一言話して結論を下すのです。ですから、心情的な始まりも天から、結末も天からです。天と皆さんが一つになる立場で動かなければなりません。（一五七―二六一、一九六七・四・一〇）

「お父様、きょうはこのような題目で講義をします」と祈るのです。そして、祈りながら講義し、神様はこのような心情をおもちになったということを感じなければなりません。神様と相談しながら講義するのです。「このみ言（ことば）を中心として、あなたが必要とする対象として、きょう復活させる人は誰ですか。あなたが願い、あなたが期待する人がいれば、私が全力を尽くしてその人を逃しません」、このように祈るのです。「いつも私のやり方で講義する」という人がいますが、それは、伝達はできるかもしれませんが、人の命を復活させることはできません。絶対に命を蘇生（そせい）させることはできないのです。ですから、先生もそうです。講義をするときは、必ず神様を中心として影響を与えることができる立場でするのです。

このように、神様を動機として講義をすれば、疲れることがありません。講義をする時間ほど楽しい時間はないのです。死んでいた命があっという間に復活するのです。間違いなく復活します。ですから、講義以上に楽しいものはないというのです。(六八―九七、一九七三・七・二三)

過去に先生は、あまり注意をせずにみ言をたくさん語り、舌が回らなくなったときがありました。皆さんも、地方に行ったら、注意して配慮する心で語らなければなりません。そのために忠誠を尽くす人を見れば、「あの人は、私がすることを代わりにしてくれているのだな」と感謝する心をもたなければなりません。原理講義をするときにも、皆さん自身がそこに登場するカイン、モーセ、イエス様になって語らなければならないのです。このようにして皆さんは、三千万の民族にお父様の心情を植えてあげなければなりません。たとえ自分は不足な姿だとしても、「言葉と行動と理念と

生活と心情は、お父様のものだ」と言うことができなければならないのです。（一一―二六八、一九六一・一二・一四）

事実を話してこそ、聴衆も感化を受けるのです。人から聞いたことは、絶対に感銘を与えることができません。事実を話さなければならないのです。原理講義をするときにも、よく人から聞いた話をするでしょう？　原理はこれこれこういうものだと、人の話をするというのです。しかし、原理が自分の原理にならなければなりません。そのようにしようとすれば、復帰原理を講義するときも、アダム家庭ならば自分がアダムにならなければならず、エバになった心情を中心として講義をしなければなりません。ノアおじいさんからアブラハム、イサクなど、すべて自分がその立場になって涙を流さなければならないのです。復帰原理を中心として、天がこれをまとめていくためにどれほど苦労し、この復帰路程を見つけ出すために先生がどれほど苦労したかを考えてみなさいというのです。涙を流すようになっています。（一六〇―一九四、一九六九・五・一二）

『原理講論』に対する姿勢

今までは、講義をしながら、自分勝手にやってきました。それではいけません。原理のみ言をすべて、本を読みながら講義するのです。『原理講論』は、劉（孝元）協会長が書いたのではありません。一ページ、一ページ、すべて鑑定を受けたのです。私が許諾しなければ、それに手を出すことはできません。

本以上の先生はいません。本を無視してしまって、宝の持ち腐れにしてはいけないのです。本で原理講義をやりなさい。その教えは、お父様のオリジナルの教えです。お父様の真の道です。勝利の覇権が原理のみ言に記録されているのです。（二六六―二六八、一九九五・一・二）

劉協会長は先生よりも六歳年上でした。洗礼ヨハネはイエス様よりも六カ月年上でした。ですから、劉協会長は洗礼ヨハネの立場にいました。彼は洗礼ヨハネの立場で原理を解説しなければなりませんでした。劉協会長が書いた本は、劉協会長の本ではありません。劉協会長がその本を書く時、先生は、彼に「このように、またあのように書きなさい」と指示しました。今後、皆さんは、その本を詳細に勉強しなければなりません。（五二―一五六、一九七一・一二・二七）

原理の本は恐ろしい本です。原理の本を劉協会長が書いたといって軽視する人がたくさんいます。もし、この本を私が書いたとしたらどうなりますか。みな引っ掛かります。言うまでもなく一遍に引っ掛かってしまうのです。霊界に行ってみなさい。もし間違って書かれていたとしても、軽視すれば引っ掛かります。何のためにそのように書いたのかを知らなければなりません。

経典は絶対視しなければならないのです。「確かに間違っているようだが、なぜそのように書いたのか」と言う人がいます。それは全体を通して見るとき、そのように書くようになっているためです。そのように書くべきほかの事情があり、飛躍せざるを得ない内容があったことを知らなければなりません。そのように考えなければならないのです。それを理解できずに、自分が分からないことは間違っていると考えています。しかし、原理は千年たっても変わりません。(二六六―二六八、一九九五・一・一)

皆さんは、原理のみ言(ことば)を読んだとき、夜眠れずに涙を流してみたことがありますか。劉協会長の素晴らしいところは、原理をすべてノートしながら、一ページごとに数百回も涙を流したということです。

自分は知識人として、大学に通った頭の良い人間として、真理を探究して疲れ果てていたのに、どうしてかこんなにも深い世界を知るようになったので、涙を一滴二滴ではなく滝のように流したのです。それに接するとき、その真理の前に恍惚(こうこつ)を感じ、涙なしに記録できなかったというのです。一ページを記録するのに一週間かかったということを、私は聞きました。

ですから涙をどれほど流したか分かりません。本然の心情と通じることができる真理のみ言は、愛を爆発させても再爆発させる力をもち、その作用は歴史を通して成就

されたのです。（一四一―七〇、一九八六・二・一六）

ユダヤ教の『旧約聖書』とキリスト教の『新約聖書』をもって、統一教会の『原理講論』に勝ることはできないのです。統一教会は何時代だというのですか。成約時代です。成約時代というのは完成時代であり、蘇生(そせい)時代の旧約時代、長成時代の新約時代に未完成の内容を含めて、すべてのことを完成させる時代なのです。

ユダヤ教の若者たちが、彼らのシナゴーグ（ユダヤ教の教会）の門をぱっと開けて、原理講義を一週間だけ聞けば、彼らは完全に溶けて一八〇度ひっくり返るのです。このような現象は、キリスト教の若い青年たちにも同じように現れます。また、他の宗教でも同じです。

それでは、問題は何ですか。問題は原理講義を聞かない人たちにあるのです。全世界の人たちが原理講義を一度だけ聞けば、彼らの思想は崩れてしまいます。それほど強力な力を『原理講論』はもっているのです。（一九九八・九・二二）

「原理のみ言(ことば)を中心として精誠を尽くす人」というのは、『原理講論』を毎日、読んで、読んで、読むのです。朝に読んで、昼に読んで、夜に読みながらも嫌にならないというのが精誠です。

同じことを千回、万回繰り返すのです。繰り返すときに、最初の四十年前に尽くした精誠がだんだんと冷めていくようではいけません。千回読めば、千回分、本のカバーが変色していなければなりません。皆さんは、『原理講論』を何回読んでみましたか。（二三四―二八五、一九九二・八・二七）

『原理講論』を朗読するようにしてください。統一教会の食口(シック)たちは、これから誰が原理をたくさん読み、学んでいるか、ということが問題になります。毎日のように霊的な呼吸をしなければなりません。御飯を食べるのと同じように、み言に接していなければならないのです。御飯を食べるより、もっと重要視しなければなりません。み言を重要視するのです。それこそ皆さんが天国に行くことのできる道です。（二二六―二八四、一九九二・二・九）

成約時代は、先生の五百巻以上のみ言集と『原理講論』を中心として、家庭が一つにならなければならない時です。ほかのものは信じるなというのです。これを握って真の父母が世界をまとめ、サタン世界に勝ったので、皆さんもこれを知れば、サタン世界が侵犯することができず、堕落圏が再侵犯する道から絶対に抜け出せるのです。（二四七―一二七、一九九三・五・一）

統一教会には「教理」はありません。「原理」があります。数多くの宗派には「教理」がありますが、統一教会には「原理」という言葉があります。「原理」というのは、宗教を信じる人も、宗教を信じない人も、千年前も万年前もこの道を経なければならない、その原則的な道をいうのです。

ですから、統一教会で今、教えている真理というのは、神様と人間世界における曲折のすべての事情、恨が残ったものを解き得る原則的な内容を教えているのです。教理ではありません。教理は、天使長圏復帰解放時代までです。それでは家庭を築くこ

とができないのです。家庭を取り戻すことができません。(二八六―一〇七、一九九七・八・九)

原理を習ったと言いながら、原理をすべて奥にしまい込んで、自分がしたいままにしています。自分は自分なりに、原理は原理なりに……。一つになっていないのです。それで伝道してうまくいくでしょうか。駄目なのです。駄目です。神様が共にいらっしゃらないので、そのようなものは偽者です。原理どおりにしなければなりません。

原理の本を見れば、そこには神様の六千年の心情があるのです。先生の一生の血を流した闘争の歴史が、そこにあります。皆さんの知らない内容がいくらでもあるのです。

そのような原理の本を一ページ一ページ見るたびに、夜を徹して祈祷し、「ここに神様の心情を探すことのできるはしごがあるのではないか」と思いながら覚えましたか。線を引きながら、この一言の背後にどんな歴史があるのかを考えてみましたか。(六八―九九、一九七三・七・二三)

男性の愛と生命の起源はどこでしょうか。神様です。二性性相の中和的主体であると同時に愛の根本である方が神様です。『原理講論』に〝真の愛の起源〟という言葉を入れなければなりません。入れなかったのは、その時になっていなかったからです。その言葉を入れれば、「文総裁は悪魔の素質が多いので、だますために愛という甘い言葉を入れた」と言うので、そのようなことを考えて抜いたのです。最後には、〝真の愛の起源が神様だ〟という言葉を入れなければなりません。『原理講論』を修正できる主人は私しかいないのです。（二二四―二二八、一九九一・一一・二四）

文鮮明先生のみ言に学ぶ統一原理【前編】・目次

人類歴史の終末論について

※本文中、各文章の末尾にある（　）内の数字は、原典『文鮮明先生み言選集』の巻数とそのページ、または、み言を語られた日付を示しています。

例：（一二三―四五六）＝第百二十三巻の四五六ページ

（二〇〇一・一・一）＝二〇〇一年一月一日

総序について

人間の幸福と矛盾性

人間は誰もが幸福な生活を追求しています。幸福を享受しようとすることは、誰も抑えることのできない人間の欲望であり理想です。数千年の人類歴史において、このような理想をもたない人は一人もいないでしょう。（六五―二五四、一九七二・一一・二六）

人々が願う希望の中心とは何でしょうか。幸福です。幸福な世界です。その幸福を中心として平和や自由や理想が連結されるのです。それでは、その幸福をなぜ今、私たちが願い、求めるようになったのでしょうか。なぜ最初からその幸福が始まらなかったのでしょうか。このようなすべてのことが問題です。（一〇七―一〇九、一九八〇・四・一五）

人間の不幸の原因とは何でしょうか。今まで人間は、この不幸の原因を解明し、完全に喜び、幸福でいられる一時を迎える前に、幸福という言葉を使ってきました。しかし、幸福という言葉を使うことはできても、実際には幸福な生活ができなかったということは、歴史的な過程を通してよく体験してきていることです。

それでは、人間は、どうして幸福と満足を得られなかったのでしょうか。それは、私たちが表現し難い負債を背負っているからです。これが核心的な問題です。私たちが背負っている負債を清算しなければ、個人と家庭、国家、世界に幸福が訪れることはありません。

皆さんが生まれる前から、想像もできない悲しみの歴史、闘争の歴史が展開してきたことをよく知っているでしょう。そして、自分の人生を中心として見てみるとき、その心と体を中心として、無限の闘争の交叉路(こうさ)を経ながら生きていることもよく知っているはずです。(四—一九九、一九五八・四・二八)

私たち人間は、その個体の中で、悪の欲望を達成しようとする邪心の指向性と、善の欲望を成就しようとする本心の指向性が、それぞれ異なる欲望を前面に立てて、熾(し)

烈(れつ)な闘争を展開していることを感じながら生きています。私の体であり私の心なのですが、心と体が分裂している自分であることが分かるのです。（二九四—六三、一九九八・六・一二）

神様は絶対者でいらっしゃるので、目的とするところも一つです。絶対的です。神様が絶対的な目的をもって人を造ったのなら、その造られた人がどうして二つの目的をもつ人になったのかというのです。心が目的とすることと体が目的とすることが、なぜ異なるのかということです。宗教はこれを、堕落したからだと言っています。（三八—二六八、一九七一・一・八）

人間の心と体が葛藤しているという矛盾性は、正に人間始祖の堕落のためです。このような心と体の分裂、相克は、家庭と社会、さらには国家、世界、天宙の分裂と不幸へと続いてきたのです。（二九四—六三、一九九八・六・一二）

思いもよらない人間の堕落によって、神様の創造の動機と目的を蹂躙(じゅうりん)した結果になってしまいました。堕落は苦痛と悲しみと不幸の源泉となり、人間が嫌うあらゆるものの原因となりました。これこそが人類の怨讐(おんしゅう)であり、万物の怨讐であり、創造主の怨讐です。（二一―三三三、一九六二・四・一七）

人間の無知と淫乱の弊害

堕落は、サタンの利己的な偽りの愛によって天道に背いたことであり、結果的には、神様と真(まこと)の愛を知らない無知に陥ってしまったことです。こうして人間はサタンに従い、神様を失って本然の価値も失ってしまったのです。幸福の根本要因である、真の愛を中心とする真の家庭を成し遂げられませんでした。（二九四―六三、一九九八・六・一二）

真理を忘却させたのが堕落でした。そして、神様に讒訴(ざんそ)できるサタンが出てきたのが堕落した世界です。僕（しもべ）の立場にいたサタンの根本を突き止めなければなりません。聖書には「真理を知るであろう。そして真理は、あなたがたに自由を得させるであろう」（ヨハネ八・三二）とあります。無知のままでは完成できません。（六五―九八、一九七二・一一・一三）

全世界が今、宗教圏も含めてすべてめちゃくちゃになっています。キリスト教であれ、仏教であれ、ユダヤ教であれ、イスラームであれ、すべて男女関係がめちゃくちゃです。日本もそうです。宗教を信じていても、宗教の集会の場に行くと、若い男性と女性たちはそこを恋愛の場だと考え、何度か付き合っては問題を起こしています。宗教自体も、フリーセックスの風潮や男女問題の紊乱（びんらん）の基準を収拾できる方法がありません。乗り越えて、それを解放する方法がないのです。（二五七―一二七、一九九四・三・一四）

アメリカのようなキリスト教国家が、どうしてこのように青少年の堕落時代になったのでしょうか。それが謎です。これはなぜかと尋ねても、どの神学者も答えられません。キリスト教は伝統的な文化を中心として家庭倫理を立てており、聖書を見れば淫乱というものは赦すことのできない罪の骨子だと規定しているのに、聖書観を中心として信仰する、このようなキリスト教文化圏を代表するアメリカが、どうしてこのように個人主義化し、このような淫乱にはまっていったのかというのです。（二一一―一三九、一九九〇・一二・三〇）

青少年の淪落と家庭破綻の問題に、いかなる政府も手を出すことができません。神様も堕落していくアダムとエバに手を出すことができなかったのですから、これに手を出して収めることのできる存在はいないというのです。いくら政治的な理念をもっていても、教育理念や思想理念をもっていたとしても、青少年の淪落と家庭破綻を防備する道がありません。（二〇〇〇・八・三一）

今日のアメリカ、ヨーロッパ、日本など、世界の先進諸国を見てください。東西、四方に押し寄せるフリーセックスと淫乱の波を、誰が防ぐことができますか。子供たちの問題で苦痛を受け、苦しんでいるではないですか。これが大問題だというのです。末梢(まっしょう)神経の刺激を追い求めていく享楽主義、紊乱(びんらん)な愛にも満足せず、麻薬や幻覚剤を求めていく、そのような世界になっています。それは、すべて体が死亡へと引っぱって行く道です。決して心が行こうとする道ではありません。(二〇一―一五五、一九九〇・三・三〇)

堕落が淫乱によって起きたことを知りましたが、それではなぜ心と体がこのように闘うのでしょうか。それは、心は神様に属しているのですが、堕落することによって、体がサタンに属するようになったからです。(二六六―二二、一九九四・一二・四)

宗教と科学

宗教は、人間の心と体を統一して救援するための修理工場として生じたものです。

ですから、宗教が教示する教理には、その方法が示されています。それは何でしょうか。心を中心として体を打つ、というものです。心と体が闘っているので、宗教というものは、心を中心として体を治めようとするのです。体を弱くするということです。それで、断食せよ、眠りを克服せよ、独身生活をせよ、と言うのです。体が好むことをすべて拒否します。そして、愛というものをすべて淫乱なもの、悪いものとして扱ってきたのです。愛の問題で天下が滅びたからです。（一九九一三四八、一九九〇・二・二一）

人は心と体という、それぞれ異なる二つの存在をもっています。これが互いに一つにならなければなりません。互いが完全に一つになるためには、完全に同じにならなければなりません。完全に知らなければならないということです。心が知らず、体が知らない、これではいけません。これが必ず一つにならなければならないのです。

このように考えるとき、今まで科学が外的な世界の知識を発展させてきたのであり、宗教が内的な世界の知識を発展させたのですが、これが分かれているのです。これが一つになるためには、科学者も宗教を知らなければならず、宗教者も科学を知らなけ

ればなりません。(一〇四―九、一九七九・三・二五)

私たち人間を見てみれば、体があり、心があります。体は外的であり、心は内的です。横的に見れば、人間は外的、内的にできています。神様も同じです。どのようになっているかというと、神様も体と同じものがあるということです。また、心と同じものがあるというのです。それで、人間はこの地上において一つになり、神様は霊的な面で一つになります。科学が横的な面で出会えば、宗教は縦的な面で出会わなければならないということです。そのように考えるとき、科学を通しても神様を求めることができ、宗教を通しても神様を求めることができるのです。(一〇四―九、一九七九・三・二五)

十六世紀の後半に宗教と科学が分かれましたが、終末である今日に至ると、再び一つの目的を達成できる帰一の段階に越えてきています。ここで先に科学が統一の形態をとっていますが、これはなぜかというと、アダムが完全な人として創造されるまでには、まず体が造られ、あとから生気が吹き入れられたように、創造の原則がそのようになっているからです。

今日の宗教と科学は、互いに対立する立場におかれていますが、原則はそうではないというのです。終末には必ず体を造ったあとに生気を吹き入れ、神様の代わりに立ち得るアダムを造られたのと同じように、この歴史の終末的な現象も、そのように帰一されなければならないのです。(三一―一〇六、一九五七・一〇・六)

人間が科学を発達させた動機には、様々なものがありますが、究極的にはあくまでも、人類共同の福利、すなわち人類共同の平和と繁栄を実現することにあると見て間違いないでしょう。しかし、科学の領域が細分化されて、その方法がより一層分析主義に流れたために、人類共同の福利という価値の方向とは少し異なる方向に発展してきました。

人間が科学に期待したことは、人類共同の福利だったのであり、主体である人間の幸福でしたが、これに対して、科学が挙げた成果は、対象としての物質的環境の改善、また生活手段の開発だったのではないかというのです。つまり人間が望んだことは、主体の福利でしたが、科学が成就したことは、対象の改善だったのです。したがって、人間の要望と科学の成就（成果）との不一致を見るとき、人間の主体性の喪失がもたらされているといえます。

科学では、生活環境と手段の改善、開発のような対象の問題解決に力を注ぎながら、同時に、主体性の問題も共に扱うのが望ましいことです。物質的および分析的な方法とともに、精神的および統一的な方法を併用し、さらには、人間の尊厳性を肯定しながら、一定の道徳的価値観の土台の上で科学が扱われなければなりません。人間の尊厳性が尊重される科学的風土が造成されるとき、公害のような不安をもたらす問題は、未然に防止できるのです。（六九―二三六、一九七三・一一・二六）

人間を含めすべてのものは、質量的な側面と形相的な側面を共に備えた統一的存在です。人間は心と体の統一体であり、動物は本能と体の統一体であり、植物は生命と物質の統一体であり、そして無機物は作用と物質の統一体です。したがって、人間の生活を向上させるにおいても、肉身の物質的生活だけを改善させていくのでは、完全な幸福は実現されません。物質的、精神的、両面の生活を統一的に同時に改善していくとき、初めて本当の幸福が到来するようになるのです。（六五―二五七、一九七二・一一・二六）

今日では、すべてのものが限界に至りました。政治なら政治、哲学なら哲学、宗教なら宗教、すべてが限界に至っているのです。今まで宗教は宗教としての使命を苦労しながら遂行してきましたが、究極的に探し立てなければならなかった一つの基準は、いまだに紹介できずにいます。政治もそうであり、哲学もそうであり、文化的な歴史路程もやはりそうです。

しかし、いずれにせよ今のこの時は、全宇宙が一つの目的を通じた統一の理念を中心として動いていかなければならない時です。宇宙を創造された創造主がいらっしゃる以上、それは必然的なことなので、創造主の理念に通じるようになるそのときには、今まで信じてきたその正道、今まであがめてきたそのいかなる文化的な条件をもってしても、そのような問題を打開しようにも、到底打開し得ないのです。

言い換えれば、今まで長い歴史過程を通して人間の良心を中心として、また体を中心として、そのような問題を解決しようとしましたが、完全に解決することはできませんでした。つまり、そのような人間の究極的問題を解決しようとすれば、今までの宗教、今までの哲学、今までの科学では到底できないということです。

ですから、いくら二十世紀の科学文明を誇っている現代人だとしても、新しい宗教の理念を探し出すことのできる新しい科学、哲学それ自体にとどまることのない新しい理念の哲学、今までのすべての宗教がもつことのできなかった新しい理念をもつ宗教を探し求めなければなりません。(三―七二、一九五七・九・二九)

新しい真理の使命

宗教は何を教えなければならないのでしょうか。すべての宗教はまず神様について教えなければなりません。神様について教えない宗教は宗教ではありません。神様について教えるときにも、漠然とした内容を教える宗教は不確実な宗教です。

それでは、どのように教える宗教が真（まこと）の宗教なのでしょうか。神様がいらっしゃるなら、どのような方なのか、神様の人格はどのようなものなのか、また、神様の愛はどのようなものなのかについて教える宗教が真の宗教です。

多くの宗教の教主たちが求めていく所は、心が永遠にとどまることのできる所です。もし彼らの宗教にも真理があるとすれば、その真理は、神様をはっきりと教えられるものでなければなりません。また、神様と人間との関係をはっきりと教えられるものでなければなりません。また、教えるときにも、愛を中心として教えなければ、それは流言飛語にすぎません。（二八―一〇八、一九六七・五・二八）

宗教を中心とした既存の価値体系は、なぜ崩壊していきましたか。それは、宗教自体が本来の任務を忘れたまま、分裂と紛争がやむ暇がなく、そのために現実に対する指導力を喪失したからです。既存の宗教が神様と人生と宇宙について明確に教えられなかった結果、善と悪、義と不義の区別をはっきりさせることができず、特に神様が存在するかどうかということに対する質問に、明快な答えを与えられませんでした。宗教が無力化すると同時に、物質は、人間の前に手段ではなく目的と化したのであり、享楽が当然のこととなり、人間性は肉欲と物欲によってまひし、動物化しました。このような土壌の上に真(まこと)の愛と奉仕、そして義や神聖さなどの既存の価値観が引き続き存立することはできないのです。

なおかつ、現代社会の組織化、大型化、機械化の傾向は、非人間化、あるいは人間疎外の現象を加速化し、個人の矮小化(わいしょうか)、部品化の趨勢(すうせい)をあおりたてています。人間の創造本性が塞がれているこの状況と束縛の中で、人類を解放する新しい価値観の出現は、私たちすべての絶対的要求と言わざるを得ません。

新しい価値観は、現代の問題を消化し、現代人を説得し得る新しい宗教に根源を置かなければなりません。神様が人類の父母であられることを教育し、宇宙の始原が物質ではないことを究明し、人間には霊性と人格があり、神様の相続者として宇宙を治める権限があることを明らかにしなければなりません。また、創造本然の愛の理想を確認させ、森羅万象が二重目的の連体になっており、宇宙の大秩序の中では調和のみが存在するようになっていた太初の理想を明らかにするなどの役目を、新しい価値観は果たさなければなりません。（一三三―二八四、一九八四・一一・三）

「統一原理」とは

真理とは、世俗的な真理ではなく、神様の愛のみ言をいいます。神様の真理は、ある特定の摂理的な人物を通して啓示として地上に伝えられます。神様の真理は絶対真理です。絶対真理は万能キーのようなもので、この真理を適用すれば、いかなる難問題も解けるようになります。（一三五―三四七、一九八五・一二・一六）

宇宙はごく小さなものからとても大きなものまで、すべて関係と連関性をもっています。今日、科学が発達したのも、様々な公式と法則を発見し、それによって活動してきたからです。ですから、今日のような文明世界を成し遂げられたのです。

科学文明の世界の実現を早めたのは、法則を中心とする一つの公式でした。公式は全体の分野にどれほど適用できるかによって、認められるか否かが決定します。神様は、必ず公式的な法度を通して摂理されるので、その公式を知らなければなりません。このような公式的な法度を教えるのが統一教会であり、このような公式的な法度が含まれているのが統一教会の原理です。統一教会の原理は、過去から現在まで復帰摂理歴史がどのように続いてきたのかを、明確に教えています。(一六―一一八、一九六六・一・二)

真理はあらゆる根本問題を解決できる内容を備えなければなりません。それが「統一原理」です。この「統一原理」は文(ムン)総裁が発表しましたが、文先生のものではありません。統一教会のものでもありません。天のものであると同時に、人類が行くべき理想的な内容を展開したものです。(二八九―二六九、一九九八・二・一)

十六歳(数え)になった年に、私は北朝鮮の地にいて、その時にとても意義深い一連の霊的な経験をもつようになりました。私が幼いときに体験したこの経験を、言葉で皆さんにすべて表現するのはとても難しいことです。一言で言えば、霊的な世界が突然私の前に広がり、私は自由にその霊的な世界にいる聖者たちと心ゆくまで通信できるようになりました。北朝鮮の地の静かな山中で、私は何度もイエス・キリストと直接対話を交わしました。そのときに啓示された真理の内容が今の「統一原理」の核心です。(一二〇—一〇〇、一九八二・一〇・五)

「統一原理」の「統一」という言葉の意味は、心と体が一つになり、神様と一つになり、父母様と一つになり、夫と一つになり、息子、娘と一つになり、そして家庭を中心として社会が一つになる、ということです。ですから、「統一原理」の「統一」とは家庭を中心とするものです。(一三五—一九三、一九八五・一一・一三)

「統一原理」には、キリスト教の内容だけがあるのではなく、仏教の内容も新たに明らかにしています。仏教で備えられていない内容が、具体的により明確に完備されているのです。

それだけでなく、父母に孝行しなさいという儒教思想はもちろん、政治的な内容や、そのほかのあらゆる内容がすべて「統一原理」に入っているというのです。また、老子の道教の内容も「統一原理」に入っています。このように、あらゆる内容が備わったものが「統一原理」です。このように「統一原理」は、キリスト教だけでなく、世界のあらゆる宗教を糾合して余りあるというのです。(三七―二二六、一九七〇・一二・二七)

「統一原理」は、一つの哲学でもなく、学説でもなく、その言葉のごとく神様の原理です。これは神様の不変の真理です。一度その真理が明らかにされれば、その原理どおりに生きなければならず、その原理を中心として行動しなければなりません。(九一―一〇一、一九七七・二・三)

『原理講論』は人間から出てきたものではありません。これは神様の原理です。神様の直接的な教えなのです。サタン世界ではこれを知ることができないので、強いてで

もこれを教えてあげなければなりません。（二〇〇七・六・三）

『原理講論』は、実体世界を、思いのままに移していくことができ、思いのままに処断し得る内容です。これは統一教会の教理ではありません。神様の心の中にある「主流憲法」です。そして、主流憲法は、各省庁によって守られ得る法を完備させるので、これを壊せる者はいません。（二〇〇五・一・二）

自分を絶対否定しなければ、新しい世界に行けません。しかし、それを自分ではできません。ですから、先生が作った「剣」であるのです。それが『原理講論』です。『原理講論』は、天的な宣言です。「統一原理」というものは、天的なものです。（二〇〇五・一・二）

「統一原理」の部分的な多くの事項は、これから新しい表現が試みられることでしょう。しかし、初めから最後まで、啓示の基本的な内容は少しも変更しません。例えば、

「創造原理」「堕落論」「メシヤの降臨とその再臨の目的」等で見られる中心思想は、決して変わりません。（九一―一二四、一九七七・二・三）

これからは『天聖経』以外はありません。『平和神經』、「家庭盟誓（カヂョンメンセ）」、『天聖経』以外にはないのです。『原理原本』は皆知っていますね。その次に『原理解説』、そして『原理講論』です。『原理講論』が出てきたあとに『原理解説』を読みましたか。今度『原理本体論』が出てきたあとに『原理講論』を忘れてしまったとしても、『原理本体論』の中にそれがすべて入っているのです。（二〇〇九・一・二）

（『原理本体論』の基となるものは）欠けずにすべて内容ができています。『原理本体論』は、先生の未来に関することを添付して、この最後に『原理講論』の骨子をそのまま入れて新しい時代と連結させておいたものです。（二〇〇八・一〇・一四）

創造原理について

第一節　神の二性性相と被造世界

(一)　神の二性性相

私たちにとって今問題となることは、神様に対する見解が明確になっていないことです。明確な神観が設定され、その神観から見た人生観、その神観から見た唯心史観を新しく設定しなければ、人類世界の新しい将来が現れることはできないのです。私たちがはっきりと神様を知れば、中世に没落し始めた不明確な神観、現世の人本主義思想、唯物主義思想のすべての問題は解決します。（七七―二五七、一九七五・四・一四）

世界の問題がいくら多くても、最も大きな問題は、神様を知らないところにあります。男性は男性としての自分を知らず、女性は女性としての自分を知りません。神様を中心とする男性と女性を総合した価値を知らないがゆえに問題になるのであって、それを完全に知れば、世界のあらゆることが解決されるというのです。（二二八―一四八、一九九二・三・二七）

子女が父母に似るのと同じように、結果は原因に似るものです。ですから、万物を見て、その原因的存在である神様を究明できるというのです。（八九―二二五、一九七六・一一・二七）

先生は「統一原理」の八〇パーセント以上を自然から学びました。ですから、自然から学ぼうというのです。（二七八―一一七、一九九六・五・一）

被造物は、すべてペアでできています。動物界、植物界、鉱物界、すべて主体と対象の関係でつくられており、お互いによく授受して成す調和は、それらが存在し繁殖するすべての力、そして愛と善の基盤になります。

人間もまたこの原則に従って創造され、個人は心と体でできており、人間は男性と女性で成り立っています。神様の理想は、神様の真の愛を中心として心と体が一つになった個人と、そのように完成した男性と女性が一つになる家庭でした。このようになれば、人間は神様の神性を正しく反映できます。また、神様の真の愛の対象体となり、子孫に神様の真の愛、真の生命、真の血統を伝えられるようになるのです。(二八八―一六七、一九九七・一一・二七)

あらゆる植物の種を見ると、その内部に相対的な二つのものがあり、完全に一体になったまま、一つの殻の中で胚子を通して一つになることによって生命を繁殖します。卵を見ても、黄身と白身の間に胚子があるのですが、一つの殻に囲まれたまま一体になっています。人間の胎児も同じです。

すべての生物は、主体と対象が一体化すれば、その原因に似て繁殖し、結局、根本に還元するのです。このすべてが究極の第一原因に似たからだとすれば、その第一原因的存在も主体と対象が完全に一体化した基本形態として、あらゆる存在に対して主

体格を備えているという結論になります。(八九—二二五、一九七六・一一・二七)

なぜ主体と対象という存在が必要なのでしょうか。それぞれのレベルにおいて、愛というものを中心として成立しなければならないからです。それがなければ、愛という新しい運動圏を求められません。運動圏は一方の方向性だけがあるのではありません。四方から大きな面積を占めるのです。立体、球形の運動なので、宇宙構造の核心に相当します。(二二九—二三六、一九九二・四・一二)

主体という位置とは、どのようなものでしょうか。全体の責任を自分が担うのです。そして、相対が行く道において妨害となり得るすべてのものを除去し、その道を築いてあげるのです。そして、彼らが順応するまいとしてもせざるを得ないよう、自動的に従ってこられる道を築いてあげる者になってこそ、責任者としての任務遂行を果たすのです。このような結論を下すことができます。それが原理的な結論です。(八一—三〇二、一九七五・一二・二九)

主体というものは生命力が強くなければなりません。そうでなければ主体になれないのです。また、主体というものは、愛を内包していなければなりません。愛を内包していなければ主体になれないのです。相対を率いることができないということです。センターになるためには、真理を中心として真の愛がなければならないのです。（一三三―三〇、一九八四・七・一）

「統一原理」で論じている二性性相の主体としていらっしゃる神様は、どのような方ですか。二性性相の神様であると同時に、二性性相の中和的主体としていらっしゃいます。その主体の本質は何ですか。愛です。絶対的愛だというのです。（一三六―三七、一九八五・一二・二〇）

二性性相の中和的主体は、何を中心として主体なのですか。神様は真の愛を中心とする中和的主体でいらっしゃるのです。神様は二性性相の中和的存在でいらっしゃり、格においては主体的存在でいらっしゃるということです。そこで何を中心として主体になっていらっしゃり、何を中心として中和的存在でいらっしゃるのかというと、真の愛なのです。（一九六一一二八、一九八九・一二・三一）

神様は、二性性相の中和的主体としていらっしゃり、格位においては男性格です。なぜ男性格なのですか。主体の立場にいらっしゃるからです。主体というのは、いつも与えなければなりません。主体は与えなければなりません。受けようとするものは主体ではありません。

ですから、与えることのできる立場にいるのが主体です。主体的立場にいるので、神様もこの宇宙からもらう立場にいれば、天地が生まれません。すべて自分を投入するのです。このあらゆる万物に神様の力を投入し、あらゆる怨讐（おんしゅう）を分立して愛を投入するがゆえに存在するのです。神様は、そのような主体的作用を全体の前に及ぼす方なので、格位においては男性格だという話が成立するのです。（一七六一三〇四、一九八八・五・一三）

(二) 神と被造世界との関係

「統一原理」の中で、最も愛を標準とする原理とは何でしょうか。主体と対象の原理であり、類似性の原理です。自然を見れば、すべて主体と対象の関係になっていて、空を見ても青く、海を見ても青く、陸地を見ても青々としています。似ているというのです。青い色は、夜に見ても昼に見ても、夏に見ても冬に見ても、いつ見てもこの色は慰労と慰安の色です。ですから、私たちの性格も、このような性格がなければならないということになります。

それでは、言葉とは何でしょうか。原理を通して人がその目的を実践するための中間表示物です。主体と対象の関係を結ぶために言葉を話すのであり、似るために言葉を話します。それで言葉があるのです。神様がみ言(ことば)で万物をつくったというのは、自分に似るようにするために自分の対象をつくったということです。(一〇七―三一四、一九八〇・六・八)

神様がみ言を通して六日間でつくられたすべての存在は、み言を成就するための対象でした。言い換えれば、すべての万物は神様のみ言の実体対象です。それでは、万物がみ言を通して実体対象として現れたのちには、何を願ったのでしょうか。神様の愛を中心として、神様が動けば万物も動き、神様が静まれば万物も静まるようにする一つの仲保、一つの中心を願ったのです。（三一―三一七、一九五八・二・二）

神様は、天と相対になるものとして地を造られ、御自身の代身、実体対象として私たち人類の先祖を造られました。神様の形状をかたどって人間を造られ、人間の形状を象徴的にかたどって先に万物をつくられたのです。（二一―五一、一九六一・一・一）

一人の男性と一人の女性は、無形であられる神様の実体対象として表れた神様の息子、娘です。男性は神様のプラス性稟（せいひん）を、女性は神様のマイナス性稟を表した実体対象です。創造の理念は、両性の中和体としていらっしゃる神様の性相を二性に分立したのちに、再び神様の本性相に似た姿に合性一体化することです。一人の男性と一人の女性は、それぞれ神様の一性に似て出てきました。したがって男性と女性の結合は神様のプラス性稟(せいひん)とマイナス性稟が一つとなることです。すなわち神様に似た中和体となるのです。ですから、人間の夫婦は神様の全体を表象する結合体です。(九一―八三、一九六〇・四・一六)

見た目がいくらみすぼらしい人でも、その人には神様の愛があふれるように流れていて、神様の生命のみ言(ことば)が芽生え、神様の愛の歌を詠むことができるのです。堕落した人間には夢にも想像できないほど、神様を中心とする高貴な価値をもっているのが人間です。そのような姿は一個人の姿ですが、神様は宇宙を代表する姿としてその人を見ざるを得ないというのです。なぜでしょうか。すべての神経を集中し、あらゆる精誠を尽くして造られたからです。それが人類始祖の姿でした。

周囲につくられたあらゆる万物は、人間にとって一つの刺激的な象徴体でした。聞こえてくる鳥の鳴き声は、アダムの心情を響かせて波動を起こせる一つの動機でした。

蝶（ちょう）や虫、そのほかのあらゆる万物を、アダムとエバを愛さざるを得ないことを象徴する一つの刺激的な象徴体としてつくったのです。吹きつける風も、流れていく水も、野原に生えている一株の草も、すべてがアダムとエバを愛していることを象徴する実体としてつくられました。人間を万物の中心に置いて造られたのです。このような人間の位置はどれほど恵まれた位置でしょうか。神様が御覧になって誇らしい人間だったのであり、神様の懐に抱いて永遠に、永遠に手放したくなかったのが人類始祖なのです。（二〇―二〇七、一九六八・六・九）

神様は、絶対的な方、唯一的な方、不変的な方、永遠な方です。これが神様の四大属性です。ですから、このようなすべての創造は絶対的であり、唯一です。すべてのものが絶対的な位置にいるので、絶対的に自分自身をその位置に立てるのです。それで、すべてのものが唯一なのです。どこかで勝手に混ざったりしません。種の区別や愛の道というものは、すべて唯一です。そして不変で永遠です。そのような意味で、あらゆる存在は個性真理体です。個性真理体とは、個性が真理を中心としてこのよう

な原則で完成するということです。（二七九―一四七、一九九六・八・四）

六十五億の人類の中に、自分と一〇〇パーセント似た人を探し出すことができますか。もう一度考えてみてください。自分と同じ個性をもった人がいると思いますか。同じ日、同じ時間に生まれ、同時に死ぬ双子だとしても、彼らの人生は同一でしょうか。知恵の王であられる神様は、正分合作用の変化、発展を通し、今も永遠の個性真理体の創造を継続していらっしゃいます。神様の創造原理がそのようになっています。（二〇〇六・一二・八）

父母から生まれましたが、父母とは違います。もしその本性が違うことなく、特性をもたなければ、それは存在する必要がないでしょう。神様が多様な個性真理体をこの地上におきたいと思われ、そのような分立体として生まれたのが私たち一人一人です。ですから、神様がいくら大きくても、私たち一人一人と相対することによって、神様の全体の喜びを完成させられるのです。このように考えるとき、自由と価値が平

等に与えられていることを、私たちは発見することができます。（一二九―二七九、一九八三・一一・二〇）

人間は対象的価値をもつようになっています。個性真理体になっていることを知らなければなりません。人間は神様の延長ではありません。対象です。その対象の価値をどこから育てていくのでしょうか。良心です。良心は神様の対象の位置で育てていくようになっているので、神様が主体であれば良心は対象の位置なのです。（二五三―一九九、一九九四・一・二三）

神様よりも良心が優ります。私がすることとは、神様よりも良心が先に知るのです。行動したのちに神様が分かるようになっています。なぜでしょうか。私という人間は、神様とは別の人格体です。統一教会の用語で言えば個性真理体です。神様が私と同時に知るとすれば、私は神様の一つの属性になってしまいます。相対概念がなくなってしまうというのです。（二五八―六三、一九九四・三・一六）

各自が個性真理体として、自分自身の良心を中心に第二の神様の立場に立つのです。第一の神様に対しては相対的な立場で第二の神様ですが、自分に対しては第一の神様です。ですから、ほかに祈祷したりする必要がなく、自分の良心と相談するようになっています。（二五二―一五二、一九九三・一二・二九）

良心の権限の三大要目は何ですか。第一に良心は父母に優る、第二に良心は師に優る、第三に良心は神様に優る、この三つです。良心は第二の神様として、神様を中心としては相対的な立場に立ちますが、一つになればその良心が神様です。神様の命令を聞かなくても、良心自体を中心に個性真理体をなしているのです。（二五二―一五一、一九九三・一二・二九）

絶対的な良心は、絶対的な神様の立場です。神様に尋ねる必要はありません。良心に対して教育する人を見ましたか。父母が良心に対して命令することはできません。

体が過ちを犯したので父母の干渉を受けるのであって、良心は父母に優るというのです。第二の神様なので、良心は父母に優るのです。良心は先生に優るのです。先生に尋ねる必要もありません。神様に尋ねる必要もありません。神様は、良心に対して教育されません。すべて教えてあげました。良心を絶対視しなければなりません。絶対視しなければ、心と体を一つにする道は永遠にありません。（二五二―二五五、一九九四・一・二）

第二節　万有原力と授受作用および四位基台

(一)　万有原力

すべての核心は同じです。ペア・システムです。私たちの原理で言えば、この全体を連結するのが万有原力です。すべてのものに神様の二性性相が入っていき、それがすべて万有原力になっているのです。皆さんの髪の毛を一本抜いてみても、万有原力によって必ずプラス・マイナスになっています。ペア・システムになっているので、髪の毛一本一本がすべてそうです。レベルが低くても、すべて神様に似ているのです。ですから、万有原力は授受作用を引き起こす力です。（二九三―一一、一九九八・五・一）

㈡　授受作用

存在するには力が必要であり、力が必要になれば何が必要でしょうか。相対的要件が必要です。相対的要件が必要なので、神様は一人でいらっしゃることはできません。主体と対象、二性性相が出てくるということです。（一五七―二六三、一九六七・四・一〇）

力が存在する前に何が必要ですか。力が存在するためには相対基準がなくてはなりません。相対基準を認定するためには主体と対象の観念がなくてはならず、主体と対象、プラスとマイナスが授受するためには共通目的の基準がなくてはならないという

ことです。ですから、何かの作用や力の現象は、共通目的を中心として生じるのです。（二五—一四九、一九六五・一〇・七）

電波はどこにでも作用するのではありません。必ず受信機がある所でのみ作用します。相対基準があればどこでも作用します。人も同じです。真の良心と真の心情的な基準、天の心情的な基台をもった人がいるとすれば、その人はどこに行っても、無念で悲しい立場でも、いつでも知らないうちに生きる道が生じます。誤解される立場でも生きる道が生じるのです。（七—三三二、一九五九・一〇・一八）

主体と対象が互いに相対基準を結んでよく授け、よく受ければ、力が生じるようになります。力が生じれば互いに一つになり、一つになれば繁殖するようになります。主体だけでは絶対に作用できません。誰かを好きになるということも同じで、互いの力が作用するのです。それは、その人と私の心が一致したということです。好きになれば、理由なく心が行ったり来たりします。その心がどれほど強いか、「この人でなければ私は死ぬ」と言って死を越えて体を引っ張り回します。それは、世に言う運命というものがそのように作用するからです。（一八―一一三、一九六七・五・二八）

相対的関係とは、「正」という基準に「反」というものが互いに向き合い、それが一つに統一されるという正反合の関係ではなく、主体に対象が応じる関係です。つまり、主体と対象が相応し、共通の目的を中心に作用することを意味します。これが完全な授受作用をして相対圏に到達すれば、力が現れるようになり、そのときに初めて中心が決定するのです。（一五―五二、一九六五・一・七）

授受作用をすれば中心点が生じます。この中心が神様の臨在される所です。一つになった基準、この中心がそこです。創造原則がそのようになっているので、授受作用をして中心点が現れる所で、神様の摂理の道が開かれるのです。（二〇五―一七、一九九〇・七・七）

主体と対象が授受作用をする目的は、神様をお迎えするためであり、神様の愛をそこに移すためです。一つの国家で、主権者と国民が授受作用をすれば、その国民と主権者は一つになります。そのようになれば、その国家は世界の運勢に乗るようになります。このように、一つの理念を中心として、主権者と国民が一つになれば、その国家には世界の運勢が臨むのです。したがって、神様のみ旨を中心として一つの国家が一つになれば、そこに天運が臨むようになります。（二七—三四〇、一九七〇・一・一）

統一教会には授受作用という言葉が出てきます。授受作用において、「授」が先ですか、「受」が先ですか。与えるのが先です。父母が子女のために与えるのですか、子女が父母のために与えるのですか。父母が与えるのです。これを見れば、存在の最初の起源となるその方から与えることが始まり、作用が連結されたことが分かるのです。（二三九—五八、一九九二・一一・二三）

相対基準から相対基台が展開します。相対基準というのは、ただ基準が結ばれているだけですが、相対基台といえば、既に定着しているという意味になります。相対基準が作用し、中央の中心を中心として定着すれば、相対基台が展開するのです。相対基準だけでは位置が定まりません。移動してしまうこともあるのです。引っ張られやすいというのです。（二〇八―八、一九九〇・一一・一三）

主体と対象がお互いにために生きることによって相対的基盤ができます。私が主体であれば、対象のために生きることによって相対圏ができ、理想的な愛の相対基台ができるのです。相対基準を超えて相対基台ができ、お互いにために生きることが、お互いの利益となり得る世界に発展するというのです。（一八〇―二五八、一九八八・八・二二）

㈢　正分合作用による三対象目的を完成した四位基台

すべてのものは主体と対象で成り立っています。目も一つだけあっても駄目です。

二つの目がぴたっと合うときによく見えるのです。耳も二つの鼓膜が左右で響くようになっています。鼻も同じです。すべて二重の目的をもっているのです。それで統一教会では、正分合作用という偉大な原理を探し出したのです。（四一―一八三、一九七一・二・一五）

男性は神様の陽性の性稟（せいひん）を、女性は神様の陰性の性稟を代表した主体と対象です。神様の創造理念は、両性の中和体としていらっしゃる神様の性相を二性に分立し、再び神様の本性相に似た姿に合性一体化するのです。真（まこと）の夫婦は、神様の二性をそれぞれ代表したのであり、天と地を代表した立場で互いに調和一体を成すために生まれました。すなわち、男性も女性も、本来自分のために、自分中心的に生きるように創造されたのではなく、相対のために存在するように創造されたということです。（二九四―六五、一九九八・六・一二）

何のために生まれたのかというとき、男性は女性のために生まれたのであり、女性は男性のために生まれました。それでは、男性と女性はなぜ生まれたのですか。愛のために生まれた、このようになります。これはどうすることもできません。愛のために生まれたのです。愛のために二人が生まれたのですが、愛して何をするのですか。その愛によって神様を占領できるのです。

これが正分合理論です。一つから二つに分かれたものが一つに合わさるのですが、どこで一つにならなければなりませんか。ちょうど真ん中に行って出会わなければなりません。垂直線で出会わなければならないのです。男性と女性が出会って結婚するようになるのですが、一生においてなぜ結婚が最も重要なことなのかというと、愛を中心として神様と関係を結べるからです。(二〇八—四九、一九九〇・一一・一五)

家庭での日常生活は、正分合作用を具現するものです。つまり、朝それぞれの仕事のために別れていくときも喜びで別れ、夜にまた会うときも喜びで出会うのです。また、家庭に帰ってくれば、その日にあったことを妻と子女たちに話し、相談し、間違ったことは直すようにしなければなりません。家庭全体を愛で連結させ、笑いで連結さ

せるのです。（三〇―二八二、一九七〇・四・四）

一つの家庭圏で正分合の創造過程が展開します。祖父母が正であれば、父母は分となり、再び合になる位置には子女が立つのです。したがって、祖父母を愛して侍ることによって、私たちは過去を学び、相続します。父母を愛し侍りながら、子女たちは現在を学び、習得します。また、祖父母と父母は、孫と孫娘と子女を愛するところで未来を感じ希望をもつようになるのです。

本来、アダムとエバが完成していたならば、アダムは完成した天国の父であり王になっていたのであり、エバは完成した天国の母であり王妃になっていました。彼らは、家庭の主人になっていたのであり、家庭的王権、民族的王権、国家的王権、世界的王権が生じていたでしょう。神様は、天上天国の王であり、アダムは神様の実体をもった地上天国の王になっていたというのです。

したがって、皆さんの家庭において、祖父母は神様が派遣された天の全権大使だと言えます。祖父母に神様のように侍り、仕えなければならない理由がここにあります。

そして、天に侍る父母は、六十億人類を一つの家庭として抱く家庭の王と王妃です。未来に責任をもつべき子女たちは、天の伝統を固守し、王である父母に孝道と忠誠を尽くし、善の王統を伝授されなければなりません。さらには、天の三代圏の完成を平面的に一代の家庭で総体的に完成するのが真(まこと)の家庭主義の始まりです。このように、本然の家庭は、神様が創造目的として立てられた地上・天上天国の典型になるのです。言い換えれば、四大心情圏と三大王権を完成した家庭こそ、人類の願う平和王国をこの地上に創建し得る土台になるというのです。（二〇〇四・一二・二）

存在するものは三対象基準をもたなければなりません。相対と対象はどのように違いますか。相対と対象は違います。相対はただ向き合うことです。何であっても、存在の位置をもてば、必ず相対基準を造成しなければなりません。ですから、相対はただ向き合うことを意味します。しかし、対象というのは、何かを授け受けすることによって共通の目的を持つ価値ある過程を経ていることを意味するのです。（一五〇―二二七、一九六一・四・一五）

三対象目的は、家庭倫理を中心として、愛を中心として語る言葉です。私の愛を求めようとすれば、必ず三対象を経なければなりません。そうしてこそ、私の愛が訪れるのです。そうでなければ訪れません。愛を中心とする家庭理想の倫理を語ってこそ、三対象目的を語れるのです。原理講義をするときは、それを抜いてはいけません。誰が尋ねても、そのように答えなければならないというのです。（一六九―八八、一九八七・一〇・二五）

三対象目的とは何ですか。神様を中心として見れば、アダムに向かう愛の道があります。その次には、エバに向かう愛の道があります。そして子女に向かう愛の道があるのです。この愛が行くことによって、結局一つの実を結びます。子女として実を結ぶのです。

ですから、子女とは何ですか。子女は父母の愛の結実であり、神様の愛の結実だ、このように見るのです。真の子女をもったということは何を意味するのですか。宇宙

全体の愛と向き合える位置に、私が初めて立つようになったということです。（八二―二七六、一九七六・二・一）

三対象目的は宇宙構想の原則です。ですから、神様自身が核の位置に入っていながら、上下関係、父子関係、夫婦関係、子女関係、兄弟関係をすべて経なければ公認されないのです。

アダムとエバが完成した位置というのは、無形の神様が完成したものと、実体が完成して心と体が一つになることによって、見えない神様があの国（霊界）でもこの地上の世界でも、形状、体をまとって現れ得るのです。それで、あの国では神様は心の立場で存在し、この地では体があるのです。二つの世界が一つになったその実体がアダムとエバなのです。

この二つの世界を連結するアダムとエバの実体になったとしても、孫をもつことによって初めて三対象目的が展開します。この場を中心として上下が連結されます。上下、左右、前後がすべて一つになり得る位置に立つことによって、無形の神様と有形

のアダムの愛を中心としてこれが種となり、アダムとエバの息子、娘になるのです。（二九七―二二七、一九九八・一二・一）

創造理想とは四位基台の完成です。それでは、四位基台とは何でしょうか。父母を中心とする真の愛の起源を意味するのです。父母と子女が、完全な愛の一体を成した真の家庭は、永遠であると同時に絶対的です。その愛の起点というものは、唯一であり、不変であり、絶対的です。そのような愛は、神様にだけあるのではなく、父にだけあるのでもなく、母にだけあるのでもありません。家庭基盤の上で成立するのです。（二〇六―五七、一九七九・一二・九）

原理的な見解から見れば、個人が復帰されて安息するためには、家庭が三代以上を経なければなりません。三代以上を経るためには、子女を生んで四位基台を復帰しなければなりません。この四位基台は、息子、娘を生んだからといって成されるのではありません。その息子、娘が、父母の代身となる位置に立たなければならないのです。

(二九一—一〇三、一九七〇・二・二五)

家庭を見れば三代です。神様を中心として、アダムとその子女までで結局、三代です。なぜ四位基台を必要とするのですか。これができればみ旨が成し遂げられるからです。しかし、四位基台が完成しなければ、縦横が一致する世界は成し遂げられません。四位基台というのは三代が一致することを意味するのです。(二八—八一、一九七〇・一・四)

第三節　創造目的

(一)　被造世界を創造された目的

情の本体でいらっしゃる神様の創造目的は喜びを享受することです。この喜びは、一人では感じられません。ある主体が喜びを感じるためには、必ずその対象実体が必要です。喜びの中でも最高の喜びは、主体と対象が愛を授け受けするときに感じるようになります。

人間は、神様が無限に愛することによって永遠に喜びを享受するために創造した、神様の最も近い対象である子女です。このように、神様が人類の始祖として一男一女を造られたのですが、彼らを聖書ではアダムとエバと呼びます。絶対的な神様は、その真(まこと)の愛の対象である一男一女以外の、また別の真の愛の対象をつくることはできません。名前は何と呼んでも、神様の真の愛の対象である人類は、ただ一双の始祖から増え広がっていきました。

私たちの始祖、アダムとエバが神様の愛を完成し、互いに真の愛を授け受けして善の子孫を繁殖していれば、どのような世界になっていたでしょうか。彼らは、創造主である神様を無形の縦的な父母として侍り、愛の夫婦となって横的な真の父母となる理想家庭を築くようになります。その真の家庭を根源として繁殖した一族、つまりアダム一族の民族として増え広がり、彼らが築いた国家、世界は、神様の愛と善が充満した幸福な文化世界に違いありません。このような世界がすなわち天国です。

人類始祖を根とする全人類は本来、地上天国で暮らし、あとでその霊魂が天上天国に行くようになっています。このように、神様の創造目的は、人類が神様を中心とする大きな家庭を築き、人類全体が一つの兄弟、一つの眷属（けんぞく）となることでした。神様を中心とする始祖アダムの家庭にある善の家法がそのまま伝統となって代々伝授され、一つの根から出てきた一つの言語、一つの文化、一つの天の主権だけが存在する統一世界ができていたのです。（一九〇―三二一、一九八九・六・二三）

旧約聖書の創世記第一章二十七節を見れば、「神は自分のかたちに人を創造された。すなわち、神のかたちに創造し、男と女とに創造された」というみ言（ことば）があります。この節を帰納的に推理してみれば、神様は一人の男性と一人の女性を合わせた方である、という結論が出ます。このような神様が、独りでいるのは良くないと思われ、御自身の対象として創造したのが被造世界でした。すなわち、宇宙の万象を形状的な対象の位置に立て、その中心に、実体的な対象として人間を創造されたのです。

このように、神様の実体対象として創造した最初の男性格代表がアダムであり、女性格代表がエバです。神様がこのように人間を一男一女に分立して創造されたのには目的があります。

第一に、二性性相の中和的主体として自存されながらも無形であられる神様が、実体世界に相対するためには体が必要でした。男性の体だけでなく女性の体だけでもない、アダムとエバ、二人の体をまとって、実体世界と自由自在に往来し、作用するためだったのです。体をまとっていない無形の神様としてだけでは、有形実体世界に相対するのに限界があるためです。

したがって、アダムとエバが、心の中に神様をお迎えし、一体となって完成した上で、結婚して子女を生んで家庭を築いたならば、アダムとエバは外的で横的な実体の真(まこと)の父母になり、神様は内的で縦的な実体の真の父母になったことでしょう。そうなれば、アダムとエバは、神様に内外両面で一〇〇パーセント立体的に似た立場に立つようになったのです。このように、神様に完全に似たアダムとエバが人類の真の父母になったならば、彼らの姿を通して、人類は、日常生活の中で神様の実体を実感して生きるようになっていたでしょう。

第二には、愛の完成のためです。アダムとエバが完成して完全一体を成した愛の実体になれば、そこに神様が臨在して人類の真の愛の父母になろうとされたのです。神様の形状的な実体の父母の立場に立つアダムとエバは、実体の子女を繁殖することにより、理想家庭、理想世界を成し遂げたことでしょう。そのようになれば、人間を通して霊界と地上界が連結されます。このように、神様は霊界と地上界を連結する目的をもって人間を創造された、という結論を下すことができます。(二〇〇六・三・二五)

主体と対象が完全に授け受けすれば、そこには必ず新しい繁殖、すなわち第三の結果をもたらすようになります。その第三の結果は、主体の目的だけでなく対象の目的、すなわち二重目的をもった結果として現れるのです。(四〇―二七六、一九七一・二・七)

すべての存在は、二重目的を備えた連体です。存在の中心には、性相的な目的であるより全体のために生きようとする目的と、自己を保存しそれ自体のために生きようとする形状的な目的があります。このような二重構造になっています。例えば、陽子と電子の作用によって原子が存在し、その原子が分子を構成し、その分子の栄養素が植物を育てます。その植物が繁殖して動物の餌になるのですが、動物と植物は、酸素と炭酸ガスを交換しながら共存しています。すべてこのようになっています。つまり相対を尊重して生きているということです。

天体を見ても、太陽と惑星がお互いに授受作用をして、一定の距離を維持しながら公転と自転によって運行されています。秩序があるというのです。(二〇〇二・六・一二)

二重目的を正しく理解しなければなりません。人間ならば自分一個人としての目的があります。結婚もしなければならないし、子供ももたなければならないし、御飯も食べなければなりません。それが必要です。しかし、その他に全体的な目的もあるのです。例えば、日本の国民なら国のための目的もあります。そして日本の国ならば、日本自体のための目的と世界のための目的という二重目的があるのです。(一九六五・二・八)

(二) 神の喜びのための善の対象

①第一祝福――個性完成

神様は、子女として創造した人間に、「生めよ」という第一祝福を下さいました。その第一祝福は、人間が神様の真(まこと)の愛の完全な相対、すなわち「真の人になりなさい」という祝福でした。相対が自分よりも優れていることを願うのです。神様は、真の愛の相対である人間に対して、投入して忘れ、また投入して忘れ、無限に与えたいと思っていらっしゃる真の父でいらっしゃるのです。(二〇〇二・一〇・二九)

アダムとエバが、堕落せずにみ言(ことば)を完成した実体として立っていたならば、神様がアダムに臨在され、アダムは、神様の実体、み言の化身になっていたでしょう。すなわち、アダムの体の中に神様が臨在され、アダムの心は神様の心として、アダムの心情は神様の心情として、アダムが感じる感情も神様の感情として現れていたでしょう。

（五一―一五二、一九五九・一・一二）

理想完成や個性完成と言いますが、完成とは何でしょうか。真の男性になり、真の女性になることです。そのようになろうとすれば、どのようにしなければならないのでしょうか。神様と愛の因縁を結ばなければなりません。（六八―三二四、一九七三・八・五）

神様の愛を受け得る真の息子、娘になれば、地上で天国を成して暮らせるのです。このような人になってこそ、地上天国に暮らす人として、「あなたがたの天の父が完全であられるように、あなたがたも完全な者となりなさい」（マタイ五・四八）と言われたみ言に該当する人になります。そして、神様が愛する息子、娘になり、世界が喜び、国が喜び、家庭が喜び、個人が喜ぶ人になりなさいというのです。これが個性完成であり、人格完成です。（六四―一三七、一九七二・一〇・二九）

父母は、長男、長女がいれば、その弟妹たちに尊敬されるように、つなげてあげなければならず、そのように結んであげなければなりません。アダムとエバ、個体復帰の完成を中心として、四大原則は絶対男性、唯一男性、不変男性、永遠男性、また絶対女性、唯一女性、不変女性、永遠女性になることです。そのような男女になって祝福を受け、真の夫婦にならなければなりません。（一九九八・八・二九）

アダムとエバが生まれた時は、子女として相対になっていましたが、兄弟の因縁の中には相対がいませんでした。女性は女性一人で教育を受けて女性完成しなければならず、男性は男性一人で教育を受けて男性完成をしなければなりません。その教育を受ける材料は、天地間にいくらでもあります。すべてのものがペア・システムになっているので、男性はそれを見て、「あのように大きくならなければならないのだなあ」ということを知り、女性もそれを見て、「あのように大きくならなければならないなあ」と自ら知るようになるのです。愛に対するすべての教材を、すべての自然が博物館のようにそのまま見せてくれています。（二二八―二六八、一九九二・七・五）

②第二祝福——子女繁殖

結婚とは何かといえば、創造理想完成の場です。神様の子女完成の場であり、兄弟完成の場であり、男性と女性の理想的完成の場です。男性と女性が理想の場で一つになることは、創造前にアダムとエバが二性性相の性相と形状でいたものが実体として一つになることとです。（二五二―一一八、一九九三・一一・一四）

神様は、「ふえよ」という第二祝福を下さいました。人間の先祖は、神様の子女として成長して完成し、神様と一体心情圏のもとで、真の夫婦を成すようになっていきます。さらに、彼らは、神様から相続した真の愛、真の生命、真の血統を、彼らの子女に伝授しながら、実体の真の父母になるのです。

このように、神様の創造理想は、最初の家庭から真の愛を縦横で完成するようになっていました。神様の愛が絶対、唯一、不変、永遠であるように、神様に侍る家庭も、真の愛を中心として、絶対、唯一、不変、永遠の家庭になるのです。（二〇〇二・一〇・二九）

結婚することによって、子女として完成するのであり、兄弟として完成するのであり、夫と妻として完成するのです。そして、それが一つになれば、神様と似たものになるので、神様が創造したのと同じように、再創造の役事をするのです。それが子女の繁殖です。これが宇宙の根本です。ですから、子女の繁殖とは子女を創造することです。実体が霊的なものに完全に似たので、ここから創造が始まるのです。(二四五―一六七、一九九三・三・七)

結婚して男女が初めて愛する瞬間、関係をもつ時間は、子女の愛が完成する場です。兄弟の心情の完成の場、夫婦の心情の完成の場、未来の父母の心情が完成する出発点です。ですから、女性の生殖器というのは愛の本宮であり、愛の根源です。そこから愛が始まるのです。空中から始まるのではありません。(二五七―一〇〇、一九九五・三・一三)

子女を繁殖することによって父母の位置に行くのですが、これは、神様が人間を創造した全体、アダムとエバを造った父母の位置の喜びを相続するための第二創造主の資格を賦与することです。子女を生むのは、アダムとエバを造って神様が喜ばれたことを、実体で神様の立場に立ち、神様の代わりに喜びを体験するためです。子女を生むことによって神様を知るのです。神様がどのように人間を愛されたかが分かります。子女を生んでみて父母のありがたみが分かるのと同じです。（二五二―一一八、一九九三・一一・一四）

見えない神様の喜びの心情を、実体を中心として体恤（たいじゅつ）することによって、相対的な喜びを感じ、平衡的基準で神様の代わりの第二創造主の権限をもつようにしたのが、私たち人間がもつ子女です。子女をもつことによって、昔の神様の幼児時代、兄弟時代、夫婦時代と同じその道を、実体を中心として神様と同じように感じるので、同等な同位圏の価値をもつようになります。ですから、神様と共に永存できるというのです。（二六二―一八九、一九九四・七・二三）

夫婦が一つになって息子、娘を生むことによって永続することができます。それで、創造した創造主の位置に上がっていき、息子、娘を生んでみることによって、神様が創造された喜びを平面世界で感じることができるのです。ですから、自分の妻は、息子、娘と同じでなければなりません。息子、娘と兄弟の位置を合わせたものです。ですから、別れることができないというのです。

愛は、いい加減になっていません。息子、娘を生もうとするなら、このようなすべての伝統を踏まえ、経ていったのちに息子、娘を生んでこそ、神様が本来創造理想として願われた本然的基準に到達するのです。ですから、家庭が天国基盤です。（二二三―二四、一九九一・一一・七）

父子関係の真（まこと）の愛は縦的であり、夫婦の真の愛の関係は横的であり、兄弟の真の愛は前後の立場として、球形の真の愛の理想が願われるのです。すなわち、縦には上弦・下弦、横には左弦・右弦、前後には前弦・後弦、それをすべて連結した一つの中心点で統一がなされるのです。その点が球形体の中心点になるのです。いつ四大心情圏の子女、兄弟、夫婦、父母が一体を完成するのでしょうか。神様を中心として、人間が結婚して初愛を結ぶ位置が、すべての完成の結実点であり、中心になるのです。したがって、結婚は天地人の合徳であり、縦横、左右、前後、全体を完成するのです。（二五九—四二、一九九四・三・二七）

結婚の初日、すなわち結婚して愛の関係を結ぶその位置が中心の位置です。結婚して初愛の関係を結ぶ、凹凸が一つになる位置です。初愛の男女が関係するその位置から子女の愛が完成されるのであり、兄弟の愛の目的が完成されるのであり、夫婦の愛の目的が完成されるのであり、父母の愛が出発するようになるのです。四大心情圏が一つになる位置です。それを考えてみたことがありますか。兄弟の愛が完成する位置、夫婦の愛が完成する位置、そして父母の愛が始まる位置です。（二五四—一七八、一九九四・二・一五）

このようになった家庭は、どのような家庭ですか。神様は、おじいさんの立場です。アダムは、現在の家庭を代表しているのであり、息子、娘は、未来です。神様は過去の象徴であり、父母は現在の象徴であり、息子、娘は未来の象徴です。このような愛の理念を中心として、一つの家庭で四大心情圏と三大王権が展開しなければなりません。この心情圏が完成すれば、どのようになるのでしょうか。神様が地上の表面に現れ、家庭において祖父の立場に立たれてその家庭を統治され、天上天国と地上天国を一つにして完成できるようにするのです。それで、繁殖した子女たちは、二つの国の相続者として連結されるのです。（二三六―二五九、一九九二・一一・八）

人間は、神様の創造理想である八段階の真(まこと)の愛のモデルの主人を完成するようになります。すなわち、腹中時代、幼児時代、兄弟時代、思春期時代（婚約時代）、夫婦時代、父母時代、真の祖父母時代、真の王と王妃の時代を経て、永遠に変わらない真の愛の伝統を立て、父子関係である真の愛のモデルが完成するようになるのです。真の神様の愛と生命と血統は、絶対、唯一、不変、永遠なので、子孫万代の不変の真の愛を中心としたモデルとして相続するのです。真の愛を中心としては、父子一体、夫婦一体、兄弟一体になるのです。父を愛の主人にしてくれるのは息子であり、夫を愛の主人にしてくれるのは妻であり、兄を愛の主人にしてくれるのは弟です。

反対に、子女に父母がいなければ、妻に夫がいなければ、兄に弟がいなければ、それぞれ愛の主人の立場を見いだすことができません。真の愛の主人になるためには、相対を自分よりも高め、他のために生きなければなりません。ですから、個人においては心身一体、家庭では夫婦一体、兄弟一体、国家一体圏を形成し、八段階の理想のモデルである愛圏を完成するのです。（三二六―二三五、二〇〇〇・二・一三）

③第三祝福――万物主管

神様は人間に万物を主管しなさいと祝福されました。それでは、どうして人間を造っておいて万物を主管しなさいと祝福されたのでしょうか。つくられた神様が直接主管されず、私たち人間を立てて万物を主管しなさいと祝福された理由はどこにあるのでしょうか。それは、神様が天地万物を創造されるときの心情を人間に教えるためだったのです。神様が万物をつくられた事情と心情を人間に体恤(たいじゅつ)させるために、万物を主管しなさいと祝福されたというのです。(五―二六三、一九五九・二・一五)

神様は幼いアダムとエバを造っておいて、彼らが成長したら天地のすべての万物を主管することを願われました。言葉で主管することを願われたのではなく、御自身の心情を中心とする愛で主管することを願われたのです。(九―一三四、一九六〇・五・一)

神様は、このすべての被造万物を誰のためにつくったのですか。人間のために、男性と女性のためにつくりました。それでは、つくった主人は、自分がつくるとき以上に喜ぶことを願ってつくったでしょうか、いい加減に扱うためにつくったでしょうか。人も同じです。自分よりもっと愛するとき、そのつくったものをあげたいと思うのです。天地を創造した神様がいるとすれば、神様が創造するとき以上に愛し、喜べば、神様は、創造したすべてを自分の代わりに与えたいと思うのです。ですから、万物を愛しなさいということです。これは生活に関する基本規約です。(二六三―一六六、一

九九四・八・二三)

人間を中心として見てみるとき、相対を愛で主管すると同時に、万物までも主管しなければなりません。人間と万物は主体と対象の関係にあります。この関係において愛の主管化が展開すれば、そこから統一が始まります。皆さんが妻を愛したからといって、無条件に妻が自分のものになるのではありません。妻に属する一切のものを愛する立場に立ってこそ、妻が自動的に皆さんの主管圏内に立つようになるのです。(三八―七八、一九七一・一・二)

万物主管は一人ではできません。必ず父母が子女を生み、家庭を築いて四位(よんい)基台が復帰された基盤の上で万物を主管するのです。一人では主管できません。ですから、イエス様もこの地に来て万物を主管し、この世界を主管しようとしましたが、そのようにできなかったのです。神様はアダムとエバを祝福してくださったのであって、アダムだけを祝福してくださったのではありません。(二六―二七九、一九六九・一一・一〇)

父母がいてこそ子女がいることができるのであり、子女がいることによって万物を主管できるのです。万物を主管しようとすれば、「生めよ、ふえよ、地に満ちよ」を成して主管するようになっています。アダムとエバの二人だけが主管するようになっていません。子女は横的な基盤であり、父母は縦的な基盤です。ですから、父母は、地上において神様の代身です。このような縦的な基台を備えて万物を主管するようになっているのです。（二八―一四、一九七〇・一・一）

家庭におけるすべての財産は、たとえ法的には父母の名義になっていたとしても、実質的には父母と子女、すなわち家族全員の共同所有になっています。それと同時に、家族の個々人は、各々部屋と衣類、小遣いをもつようになります。このように、家庭においては、全体目的と個体目的が調和を成すようになっています。このような愛が基盤となった家庭の理想的な所有形態が社会、国家、世界へ拡大されたものが、理想社会の所有形態です。

神様と人間の本然の関係は、真の愛を中心とする関係です。神様と私の共同所有、全体と私の共同所有、隣人と私の共同所有など、様々なケースがありますが、神様の真の愛が中心となった感謝する心で共同所有をするようになっています。(二七一―七六、一九九五・八・二二)

神様の愛を完成した人間が成し遂げる理想世界においては、全体目的と個体目的が自然に調和します。人間は、欲望もあり、愛の自律性ももっているので、個人所有、個体目的が許されています。だからといって、無限定な個人所有、または全体目的を害する個体目的を追求することはありません。完成した人間は、自らの良心と本性によって自己の分限に合った所有量をもつようになるのです。

特に、真の愛を中心として、万物の真の主人の人格をもった理想的な人間の経済活動は、愛と感謝を底辺としているため、過分な欲望と不正はあり得ません。同時に、全体目的に反する地域や国家の利益が強調されることもなく、また経済活動の目標が利潤の追求ではなく全体の福祉に焦点が集まるのです。(二七一―七六、一九九五・八・二二)

世の中の歴史の中で、最も醜い歴史をもっているのがお金の歴史です。お金のために子女が父母に不孝を行い、お金のために親子関係も変わり、またお金のために父母を殺す人がいて、お金のために兄弟を殺す人もいて、ありとあらゆる人がいます。それだけでなく、お金は世界全体の人を病にかからせました。そのようなお金は、名前が出るのを恥ずかしく思うでしょう。そして、「私が行って近くにとどまる所では、いつも人が変わっていってしまう」と思うのです。お金をもつようになった人は、友達も相手にせず、父母も相手にしなくなります。ですから、「私が行く所には、変わっていく姿ばかりがある！」、このようにお金が思うのです。お金は悪魔よりも力をもっています。

それでは、このお金に希望があるとすれば何でしょうか。「お金である私は、個人も所有してみたし、家庭も所有してみたし、国も所有してみたし、世界も所有してみたし、王も所有してみたし、すべて所有してみた。所有してみなかったものがない。世の中で良いというものは、すべて所有してみた。しかし、一つ所有してみたことがないものがある。清いものを所有してみたことがない。そして変わらないものを所有してみたことがない。そして、すべて失ってみたことがない。そのような人、そのような主義、そのような何かがあれば、それを所有してみたい」、お金がこのように言うのです。そのような人を求め、そのような主義を求めたいと思うのです。

そのような人がどこにいるでしょうか。清い人というのは正直な人のことです。お金は、正直な人、変わらない人、すべてを失っても喜べる人を願うというのです。

今後、活動してお金が増えれば増えるほど、自信があればあるほど、そのようになれる皆さんになれば、皆さんは間違いなく偉大な人です。お金だけでなく、すべての万物世界、天地が公認するということを、私たちはこのような内容を通して推し量れます。そうすれば、お金は、自分をいくら冷遇しても、自分を踏みつけて使っても、「ありがとうございます」と言うのです。

このように考えるとき、「私は本当のお金の主人だ。天地が願う本当の主人に一度なってみよう」という皆さんになれば、皆さんは間違いなく世界を支配できるのです。なぜですか。お金がついてくるからです。間違いなくそのようになります。ですから、お金を稼ぐのは私のためではありません。より大きなもののために、全体のために稼ぐのです。そのように稼げば、お金が、一銭のお金であっても、どれほど喜ぶかというのです。その喜んでいるお金が、出ていくことをどれほど嫌うか考えてみてください。このようなことを理解して、皆さんは、入ってきたお金を使うときには、「かわいそうだが、私が昼食を食べなければならないから、自分の世界に一度戻って、また帰ってきなさい」、このように言わなければなりません。

お金はこのようなものだということを理解して、皆さんがそのような主人になれば、世の中で発展すると思うのです。正直で、変わることなく、何もない中で、主人の振る舞いができなければなりません。ですから、主人として大切に使うことができる皆さんになりなさいというのです。一銭でも大切に使うのです。先生は自分のためにお金を使わないことで、とても有名です。しかし、食口(シック)たちのためには、み旨のためには、惜しみなく使う人なのです。(七二―二三五、一九七四・六・二三)

真(まこと)の国を地上天国と呼びます。その国ができてこそ、神様が本然のアダムとエバに

「完成した時に、あなた方は、万物を主管しなさい」と祝福されたそのみ旨を成し、人間は初めて、この地の真の主人として現れることができます。また、その時に初めて人類は、お互いに真の兄弟になることができるのです。その時に初めて私たちは、神様の真の息子、娘になり、天のお父様に対しては真の孝子、孝女になり、主人に対してては忠臣になり、この宇宙万物に対しては真の主人になるのです。そのようになれば、神様は、私たちに全権を委ねられるのですが、外的な全権だけではなく、内的な全体の心情の中心まで移してくださるようになります。神様がすべてのものを委ねられても安心できる息子、娘になるというのです。（五―三二九、一九五九・三・一）

第四節　創造本然の価値

㈠　創造本然の価値の決定とその価値の基準

創造理想世界の復帰という言葉を中心として考えてみるとき、すべての所有は神様の所有となったのちに私の所有になるのであり、すべての価値の決定は神様の価値の決定を基盤として決定されるのです。そのような観点から見るとき、私の存在意識も、私の存在価値も、神様を中心とするところで決定するというのです。（五一―四〇、一九七一・一一・四）

あの人は立派な人だと言うとき、何を中心として立派な人だと言うのですか。真の愛にどのくらい合わせられる人格者として現れるのか、ということを中心として、その人の人格を評価するのです。その家庭を中心として、その家庭が真の愛と相対関係を結んでどのくらい一つになれるかによって、その価値が決定するのです。個人はこのように愛し、家庭はこのように愛し、社会はこのように愛し、国家はこのように愛し、世界はこのように愛して花咲く宇宙をつくろうという神様の計画があります。その計画が真の愛の心と連結できる道なので、この道とどのように通じるかという問題を中心として、個人の人格と家庭の人格と氏族、民族、国家、世界の人格観が左右されるということです。(六六―一五九、一九七三・五・五)

全体の願いの中心とは何でしょうか。真の愛だという結論が出てきました。この真の愛について考えてみるとき、真の人かそうでないかという真の真理によって評価されることもありますが、それよりも根本問題は、真の神様の愛を中心としてあらゆるものが比較、評価されることを知らなければなりません。真の基準が愛なので、その愛に符合するパーセンテージによって真の価値が決定します。(一一三―三一五、一九八一・五・一〇)

㈡　創造本然の知情意と創造本然の真美善

人間には知情意があります。「知」という字を見ると、「口」はみ言を表すので「み言の矢」という意味です。標的をつくるということです。知識を得ることによって、標的を中心とした環境と関係を結べるのです。ですから、学ばなければなりません。知識が必要だということです。それから「情」です。人は情的です。「情」は「心が青い」と書きます。春夏秋冬、変化がないということです。真の愛は変わらないということです。「意」は、愛を中心とする「意」です。「立」と「日」と「心」です。これが「意」です。み言の心を立てるのが「意」ということです。人は、そのようなものをもたなければなりません。そこに必要な相対的な価値とは何かというと、真善美です。それは相対的価値です。真でなければならず、美しくなければならず、善でなければなりません。これは人格としての相対的関係です。（二〇〇〇・四・二）

善と美という字には、二つとも「羊」が入っています。羊は犠牲です。真善美を探し出すために真善美自体が要求することは、犠牲にならなければならないということです。それが知情意の人格、個人の人格、家庭の夫婦の人格です。そのような男性と女性が真の愛で一つになってこそ家庭が生まれます。絶対、唯一、不変、永遠性、創造性、主体性、関係性、統一性を中心として、知情意の観点、知情意の価値、すべてのものがここにあります。ですから、結婚は神様と人間が一つになることです。内外のすべてが一つになって家庭を成すのです。すべてのものが真の愛を中心として、本然の対象圏としての価値観を完成するのです。知情意はプラス、真善美はマイナスです。この二つが一つになれば、家庭というものが形成されるということです。(二〇〇〇・四・二)

世界の平和は、個人の平和から始まり、家庭的平和を経て、社会、国家の平和に拡大されたのちに初めて樹立されることを、明確に知ることができます。このような観点から、絶対愛と絶対価値について考えてみるとき、真善美などの価値は、愛を土台として形成されます。例えば、真の愛の実践は、善として評価されます。すなわち真の愛が実践されるとき、善として現れます。ですから、神様の愛である絶対愛を実践するとき、そこに絶対善が現れるようになるのは自明なことです。

平和のために、絶対愛を実践する個人の行為は、善（絶対善）です。同じように、平和のために真の愛を実践する家庭の行為も、やはり善です。社会や国家、世界においても同様です。言い換えれば、個人、家庭、社会、国家を問わず、真の平和を樹立するためには、絶対価値、すなわち絶対真、絶対善、絶対美を実現しなければなりません。特に、絶対的な善の実践が切実に要求されます。（二一〇―二五二、一九八〇・一一・二七）

(三) 愛と美

恩恵を受けた人、神様の愛を受ける人は美しく見えるのです。愛を受ければ美しく見えます。どれほど美しく見えるのでしょうか。光のように見えるのです。ですから光を発することができます。このように、すべての存在がそのような光を発するようになれば、美しくない人、醜い人はいないというのです。(三三―八六、一九七〇・八・九)

日常生活において、美を現すためには、いつも自分が相対的立場に立たなければなりません。天に対していつも侍(はべ)る気持ちが必要です。親から見て子供はなぜ美しいのでしょうか。いつでも懐に抱かれる準備ができています。そのような基準をいつも保つのです。その基準から美の位置が決定します。愛は動的であり、美は静的です。そこで、初めて動と静が調和をなすのです。(二五―一七九、一九六五・一〇・七)

神様の愛というものは、被造世界に存在する物の生命の原則であり、生命の源泉です。ですから、いかなる存在であれ、その愛を離れて存在したいとは思わず、その愛と関係を結びたくないと思う物がありません。(六九―一八一、一九七三・一一・一二)

神様の愛とは何でしょうか。夫婦の愛、父母の愛、子女の愛を一つにしたものです。

理論的にすべて総合してきちんと検証してみて、間違いないのでこのような結論を下しました。それでは、神様の創造目的とは何でしょうか。真の愛を中心として四位基台を完成することです。（八三—二二二、一九七六・二・八）

どのように四位基台がつくられるのでしょうか。真の愛を中心としてつくられていくのです。愛が抜けては何にもなりません。その愛はアダムだけの愛ではありません。エバだけの愛ではありません。アダムとエバが統一されたその場に立ち、神様の愛を連結させなければならないのです。神様の愛を連結させたその場には、アダムとエバの愛があると同時に、息子、娘の愛が介在します。三対象理想という言葉も、アダムを中心として見てみれば、天があり、妻がいて、子女がいるということです。これは、三掛ける四は十二で、十二数の対象圏を意味するのです。（一七〇—六二、一九八七・一一・八）

家庭において父母のために自らの生命を捧げて孝の道理を尽くし、夫と妻が各々烈男烈女の道理を尽くし、国王のために忠臣の道理を尽くす人が、正にその家庭の主人であり、その国家の主人です。

このような心が皆さんの心の中から湧き出てきて、体と一つになり、サタンまでも皆さんを尊敬して従うようになる時、初めて皆さんは、その国とその義を探し立てる民として立つことができるのです。(三一一三二、一九五七・一〇・一三)

孝は、不変の真の愛を中心としてなされます。忠も同じであり、聖子(せいし)の家庭も同じです。聖子も同じです。個人、家庭、氏族、民族、国家、世界、宇宙のすべてのものが連結されるセンターが真の愛です。その愛のセンターに連結されなければ、復帰の世界が成し遂げられません。それは、神様の愛の世界と連結されないというのです。そのようになれば、きれいに消えてしまいます。絶対家庭、絶対忠孝を神様は願われるのです。

今まで、そのような絶対的な忠孝が出てきませんでした。絶対聖子、神様の息子のような、そのような世界的な基盤がなければ、神様が地上に降臨できません。神様お一人では、地上において何の役事もできないのです。ですから、悲しい神様、かわいそうな神様だというのです。(二九七—二〇二、一九九八・一一・二〇)

孝の道を行く人は、自分の生活の中で良いことがあれば、まず父母のことを思います。良いものを見たのに、先に自分の夫や妻を思うのは堕落した世の中ですることです。先に自分の父母に貴いものを買ってさしあげなければ、自分の妻に買ってあげることはできません。皆さんの中には、このような話を聞いて引っ掛かる人が多いでしょう。自分の妻に服を着せようと思えば、まず父母にしてさしあげなければなりません。それまでは、自分の妻にも着せることはできないのです。その妻も、自分の夫が父母にしてあげていないにもかかわらず、「これが気に入ったので、あなたが私を愛しているなら、一つ買ってください」と言うことはできません。食べる物もそうです。男性たちも同じように、自分が服を買って着ようと思えば、まず父母に買ってさしあげてから自分が着て、妻にも着せてあげなければなりません。

御飯を食べるときも、父母に侍(はべ)って食べなければなりません。サタン世界の父母が亡くなっても、三年の喪に服すのが韓国の風習です。ですから、この地で三年以上精誠を尽くして父母に侍らなければ、天上世界に行って大韓民国の子孫だと言うことはできないのです。昔の孝子たちは、父母の三年の喪に服すとき、墓に小屋を建て、そこで寝起きしながら孝の道理を果たしたのです。それが韓国の礼法ではないですか。私たちは、それ以上にしなければなりません。お粥(かゆ)を食べて暮らしていたとしても、そのような心をもたなければならないのです。夫婦だけよければ祝福家庭なのですか。お互いによい面を備えて、父母に侍る生活をしなければなりません。（二六—二九七、一九六九・一一・一〇）

第五節　被造世界の創造過程とその成長期間

(一)　被造世界の創造過程

神様御自身の創造過程を中心として見てみると、三段階の原則があります。まず神様の考えがあり、その次に心を通してその考えを表し、その次にその実現が展開します。そのような三段階を経て創造物が形成されたのです。み言(ことば)を実践するときにも心だけではいけません。そこでもやはり神様を中心として、神様の心と神様の体が一つにならなければなりません。そして、「このようになれ、このように創造されよ」と言ってこそ創造が実現するのです。

私たち人間も何かをしたとき、神様の創造と同じように、心と体が一つになって働いたその結果が現れるのです。今日のあらゆる社会組織や国家を見ても、あることを成し遂げようとすれば、まず文章で表示します。話す代わりに表示するのが文章です。ですから、話すことで立てた計画を文章で表示し、その立てた計画どおりに実践すれば、その目的としたことが成就するのです。（六〇―二六〇、一九七二・八・一八）

聖書を見れば、神様はみ言で被造万物を創造されたとなっています。しかし、考える段階から、み言で創造する段階へ行くというのは飛躍しています。なぜかというと、考えというものが体系化され一つの目的を指向するようになったものを、み言の形態で現れるようにしようとすれば、そこに新しい何かが加えられなければ、それ以上に発展し得ないからです。

また、み言だけでは、このすべてのものが成し遂げられません。み言と一致できる実体的な内容がなければなりません。言い換えれば、み言に立脚して実体を構成するある力が加えられなければならないということです。み言を中心として見てみるときに、この実体というものは、より発展的な蘇生（そせい）の形態に違いありません。このような実体が現れたところに、初めて喜びが生じます。また、喜びが生じれば、そこから和動の役事が広がります。そうして、現れた実体がある段階まで発展過程を経れば、そこに初めて愛というものが加えられるのです。

これが、神様が被造万物を創造された過程です。まず考えがあり、そこにみ言がプラスされて実体を成し、その実体の上に愛が加えられるのです。

このような創造過程を通して万物が生成されました。考える段階から体系的なみ言の段階に行ったとき、つまりこれこれこのように創造しなければならないと漠然と考える段階から具体的な内容を固め、一つの理論的体系を備えたみ言の実体を成したとき、そこに言葉で言い表し難い喜びが生じるのです。

ですから、今日の私たち人間のことを考えてみれば、神様が天地創造の理念を中心として、人間を創造するために、無限に努力されたと考えられるのです。どのような過程を通してどのような形に造るのかということを考えられたというのです。人間もやはりみ言で創造されました。「理想のとおりに、人間はこのような形態で造ろう」と決心され、「目はこうで、鼻はこうで、手はこうで、足はこうで……」と考えて造られたのが人間です。人間を造られる前に、人間の形はこうだと説明できる体系を模

索したのち、その基盤の上に実体的な万物と連結させて人間を創造されたのです。（二九―三二四、一九七〇・三・一三）

㈡　被造物の成長期間

人間は成長期間を通して、神様の真（まこと）の愛を段階的に体得しながら成熟するようになっています。真の愛によって生まれた人間は、真の父母の愛、真の兄弟の愛、真の夫婦の愛、真の子女の愛を順次的に体得しながら完成するのです。

個体についてみれば、心と体が一つになるところで真の愛が現れるようになります。次に、心身一体となった完成した男女が真の夫婦の真の愛で愛し合い、次に、彼らが真の神様の真の愛と連結して、子女を正しく愛することのできる真の父母にならなければなりません。夫婦の心と体の中に神様の真の愛が臨み、その真の夫婦が一つになって息子、娘を生むようになっています。そうしてこそ、完全な理想的家庭が築かれるのです。（二九四―六五、一九九八・六・二）

神様の真(まこと)の愛は、人間の幸福と喜びの源泉であり、人間はこの真の愛を体恤(たいじゅつ)することによって完成するようになっています。愛は経験と生活を通して体得できるのですが、人間の成長期間は正に愛を段階的に体得する貴重な期間です。(二七一―七四、一九九五・八・二二)

絶対的な無限の価値の基準にまで到達するためには、ただそのまま成長するのではいけないのです。すべての万物が原理結果主管圏を通って直接主管圏で完成するようになっているので、あらゆる万物の霊長である人間もその過程を経て完成しなければなりません。その過程で堕落したのです。神様の愛が分からずに堕落しました。天地の始まりがどこで、過程を経て、どのように自分が定着できるのかということを知らないまま堕落したのです。(二七二―二九七、一九九五・一〇・一三)

私たち人間はどこで堕落したのでしょうか。原理で教えているように、長成期完成級で堕落しました。長成期完成級で堕落したので、完成段階を経て完成するまでには七年路程が必要です。七年路程を経なければなりません。ですから、まだ完成段階が残っているのです。途中で転がり落ちました。すべて上がりきっていれば落ちないというのです。（五八―二一二、一九七二・六・一一）

神様の直接主管圏に連結できる神様の愛圏に行くためには、間接主管圏で何をしなければなりませんか。完成するためには、自分の責任分担を完成しなければなりません。人間には責任分担があるのです。神様が人間に責任分担を与えた目的は何でしょうか。創造の偉業に同参させるためです。九五パーセントは神様がつくり、五パーセントは人間がつくることによって、人間を創造するときに神様だけが創造するのではなく、人間も自ら創造したという条件になるのです。このような同等な価値圏を賦与するためのものが責任分担です。これが偉大なのです。人間だけに責任分担があるのです。（一三九―二三〇、一九八六・一・三一）

男性はアダムの代身であり、女性はエバの代身でなければなりません。それでは、そのアダムはどのようになるのですか。本来は堕落せずに神様と完全に一つになり、サタンではない天使長が完全に仕え得る位置に立ったアダムにならなければなりません。エバも、そのような位置に立ったエバにならなければなりません。そのような使命を、今日この世界に生きているすべての人間が果たさなければならないのです。これが神様を求めていく路程において、私たちがしなければならない責任分担です。（八七―一二七、一九七六・五・一三）

人間に責任分担という基準を立ててあげたのは、愛の理想を完成するためであり、神様が創造過程で人間に五パーセントの責任分担を必要としたのは、その対象圏が必要だからです。愛は一人ではできません。いくら全知全能の神様でも、対象がなければ愛が顕現できないのです。（一三〇―二一、一九八三・一二・一一）

直接主管圏は、アダムとエバが愛を中心として同参できるところです。ですから間接主管圏は、責任分担未完成圏です。責任分担完成と同時にアダムとエバが愛を中心として夫婦になり、神様は内的父になり、アダムとエバは外的父母となって内外に一つとなる時に、初めて直接主管圏が設定されるのです。ですからこの過程では、結婚が絶対に必要だというのです。独身では越えていけません。（一三九―二六二、一九八六・一・三一）

天国はどこから始まるのでしょうか。サタンを分立しただけのところで始まるのではありません。責任分担完成圏から始まるのです。それは直接主管圏と間接主管圏が責任分担を完成したアダムとエバを通じて初めて連結され、天の愛が地上の愛に連結されるのです。これが原理です。それができていないので、サタンはこれを妨げるのです。天の愛の道を妨害するのがサタンです。（一四八―二〇四、一九八六・一〇・九）

間接主管圏と直接主管圏を連結させるために責任分担を完成しなければなりません。責任分担完成というものは男性が成熟し、女性が成熟しなければならないのです。男性と女性が完成したとはどういうことですか。エデンの園での完成は、神様しか知らないのです。神様を第一に愛さなければなりません。その次に、男性は女性を第二に思い、女性は男性を第二に思う、そういう人にならなければなりません。このようになるとき、責任分担を完成して間接主管圏から直接主管圏内に行ける新しい次元に越えていくのです。（一六五―一〇五、一九八七・五・二〇）

神様の愛を中心として、神様の完全な愛が顕現するとき、サタンは現れることができません。それが責任分担完成です。責任分担を完成したならば、間接主管圏と直接主管圏において愛の因縁が結ばれるのです。そこで縦的愛と横的愛が連結されるのです。そうなれば、その縦横の愛を通じて神様の血統的な因縁が、血縁ができるのです。血統が生じます。神様の愛を中心として一つになり、縦横の愛と因縁を結んで生まれた血統は、サタンが干渉できないのです。サタンと因縁がありません。ですから心情を受け継ぐためには、純粋な神様の愛を中心とした本然の伝統的血統を受け継がなければならないというのです。（一七三―二八五、一九八八・二・二一）

人間は、誰もが生まれてから成長過程を経ていくようになります。父母の愛と保護のもと、比較的安全で無難な幼少年時代を経たのち、周囲のすべての人たちはもちろん、万物万象と共に、新しい次元の関係を結び、新しく躍動的な人生を出発する青少年期に入っていきます。それは外的に成人になるだけでなく、内的に人格完成を通じた絶対人間の道に入っていく瞬間です。ここで、人間なら誰でも例外なく守るべき絶対必要条件が正に純潔です。人間にとって純潔がモデルとしての絶対「性」であり、必要条件なのは、神様が創造理想を成し遂げるために、御自身の子女に与えられた宿命的責任であり、義務であり、天道の道が正にモデルとしての絶対「性」の完成の道だからです。

神様が人間始祖のアダムとエバを創造して、与えてくださった唯一の戒めとは何だったでしょうか。天が許諾する時になるまでは、お互いの性を絶対的基準で守りなさいという戒めであり、祝福でした。善悪の実を取って食べれば必ず死に、取って食べずに天の戒めを守れば、人格完成はもちろん、創造主であられる神様と同等な共同創造主の隊列に立つようになり、さらには、万物を主管し、永遠で理想的な幸福を謳歌する宇宙の主人になるという聖書のみ言は、正にこの点を踏まえて語ったことです。婚前純潔を守り、真の子女として天の祝福のもとで結婚をして真の夫婦となり、真の子女を生んで真の父母になりなさいという祝福だったのです。これは、神様の創造原則である絶対「性」を離れてなされるものではないという事実を、確認させてくれる内容です。すなわち、神様のこの戒めの中には、人間が歴史を通して神様の子女として個性を完成し、万物の主管位に立つためには、神様の創造理想のモデルとしての性を相続しなければならないという、深い意味が隠されていたのです。

　絶対「性」は、このように天が人間に賦与された最高の祝福です。絶対「性」の基準を固守しなければ、人格完成、すなわち完成人間の道が不可能だからです。さらには、神様も人格神、実体神の位相を立てるためには、完成人間を通して真の家庭として絶対「性」の基盤を確保しなければ不可能だからです。絶対者であられる神様が、私たちの人生を直接主管され、私たちと同居し、共に楽しまれるためには、御自身の相対であり、子女として創造した人間が、神様のように絶対「性」の基準で完成した家庭の姿を備えなければならないということです。絶対「性」を中心とする家庭の枠の中でこそ、祖父母、父母、子女、孫と孫娘、このように三代圏を含む人間の本然の人生の理想的モデルとしての性関係が創出されるのです。この基台の上でこそ、神様の永生はもちろん、人間の永生も可能になるのです。

したがって、絶対「性」を中心とするアダムとエバが、神様のみ旨のとおりに個人完成、すなわち人格完成を成し、神様の祝福の中で夫婦関係を結び、神様と完全一体を成し遂げていたならば、神様が彼らの中に臨在し得る因縁が決定していたでしょう。さらには、彼らの子女にも、神様と直接的に父子の因縁を結び得る愛の基準が連結されていたでしょう。言い換えれば、完成したアダムとエバの絶対「性」を中心とする結婚は、神様御自身の結婚になっていたのです。神様でありアダム、そしてエバであり神様となってアダムとエバが神様の体になり、神様は彼らの心の位置に安着され、共に有形、無形の二つの世界で絶対「性」を中心とする、人類の真の父母になっていたでしょう。（二〇〇六・一一・二一）

全人類は八段階の復帰過程を経て、神様の子女の立場を取り戻さなければならないのです。すなわち腹中時代を経て、幼児時代、兄弟時代、婚約時代、夫婦時代、父母時代、祖父母時代を経て、王と王妃の時代までの八段階を復帰しなければなりません。結局、人間は神様の子女として、王子、王女として、天地の大主人になるという目的で生まれたのです。

このように、私たち人間は本来、成長して、男性は女性に出会って王となり、女性は男性に出会って王妃となり、天の国の王子、王女として、天の国のすべてのものを相続される相続者の位置にまで行かなければなりません。(三一五―二〇六、二〇〇〇・二・二)

第六節　人間を中心とする無形実体世界と有形実体世界

(一)　無形実体世界と有形実体世界

人間の構造をよく見てみると、神様は、人間を二重構造で創造されたことが分かります。有形世界である現象世界の縮小体として肉身を創造され、無形世界の代表であり、主人として立てるために霊人体を創造されました。したがって、人間は、地上界で百年くらい生きて肉身の機能が終われば、自然に、そして自動的に無形世界の霊界に入っていくようになっているのです。このように霊界は、肉身を土台として生きている私たちの目では見ることができないだけであって、地上生活の自動的で必然的な延長なのです。神様が創造してくださった、人間の永遠の本郷です。

霊界は、このように厳然として存在します。妄想の世界でもなく、想像の世界でもありません。これは、人間の選択権の外にあるのです。良いからといって行き、嫌だからといって行かなくてもよい、そのような世界ではありません。神様が永遠不変の方であられるように、御自身が創造された霊界も永遠不変なのです。私たちが地上界で、肉身をもって現象世界と様々な関係を結んで暮らすのと同じように、霊界でも人間は、霊人体をもって霊界のすべての現象と密接な関係を維持して生きていかなければ

ばならない宿命的路程にあるのです。（二〇〇六・四・一〇）

私たちはこの世に生きていますが、この世だけがあるのではなく霊界があるのです。この世と霊界は、二つの世界ではなく、真（まこと）の愛を中心とする一つの世界として連結されなければなりません。私たちは、肉身生活をしながらこの地上にいますが、永遠の世界に向かって進んでいます。人生は、永遠の世界に入るために準備する貴い教育期間なのです。（二〇〇五・二・一四）

人間が肉身生活を終えたのちには、第二の出生（しゅっしょう）をするのです。これが死です。第二の出生をする所、死んで行く世界が正に霊界です。その世界に入って、第三の父母である神様から宇宙全体を代表した愛が供給されるのです。理想的な愛が供給されるというのです。（一九八―三一一、一九九九・一・一七）

霊界は、どのような組織になっているでしょうか。あの世では、空気が愛です。愛が空気になっています。この地上で愛の感触を受けて体と心が和合できる要素として、愛を体恤しなければなりません。愛の体恤圏をつくっておくようになれば、ただそのまま通じない所がないのです。木の樹液が木の芽と木の根を通じるように、通じるのです。神様が喜ぶのを自然に自分が感じるのです。東方に向かって、神様のうたげが繰り広げられるということが分かるのです。（一六二―二八七、一九八七・四・一七）

霊界は愛の空気でできている世界です。愛の空気でいっぱいです。ですから私たちは、この地上世界から愛の息をする、もう一つのパイプ装置を敷かなければなりません。そして霊界を体験し、霊的な愛を感じて呼吸できる人になってこそ、霊界で死なないというのです。

霊界は愛を呼吸し、愛を中心として暮らす世界です。したがって完全な愛の人格を成し遂げられなければ、行ったり来たりする道が制限され、四方に通じません。門を通ったとしても一つの門だけを通らなければならないのと同じです。

春夏秋冬、いつでもどこでも合わせて暮らせる資格を備えようとするなら、完全な愛の人格を具備しなければなりません。ですから三時代を経ていくように人間を造りました。(二九八―三一一、一九九九・一・一七)

とんぼも幼虫が水の中で泳ぎ回り、地上に上がってきてしばらくはい回ります。その次にはひらひらと飛び回り、食べるとは思いもしなかった虫を陸地で捕まえて食べます。天下を自分の舞台として飛び回るのです。このように昆虫類の中では翼があって三段階世界を経るものが多いのです。

昆虫も、このように水と陸地での生を経て空中で暮らします。ましてや万物の霊長である私たち人間は、もっと次元の高い翼をもっているのです。私たちは神様の代身として愛で生まれ、愛で生きながら息子、娘を生んで、愛の目的地に到達して永遠に神様と共に生きるために神様のところに帰るのです。すなわち私たちの一生とは、愛で始まり、愛で熟し、愛の実として収められるのです。人が死ぬということは、愛の実を収めることです。(二九八―三一一、一九九九・一・一七)

私たちが父母の愛を受け、夫婦の愛を交わし、子女を愛することによって、内的な愛の世界に蒔(ま)かれた神様の愛のすべてを、一生をかけて実を結んで収め、あの世に行くのです。したがって私たちが完全に愛で一つになれば、神様に似るようになります。夫婦が合わさってこのような三段階の愛を完全に成して霊界に行くようになれば、永遠の主体である神様の前に、永遠に相対的な神様になるのです。真(まこと)の愛を中心とした夫婦が死ねば、そのようになるのです。そのように神様で始まって神様で締めくくるようになっています。（二九八―三一一、一九九九・一・一七）

人間が死ななければならない理由は、体をもっていては制限された愛でしか愛せないからです。無限大の神様の愛の対象的実権をもって現れようとするなら、制限された肉身だけではできないのです。ですから無形の霊にならざるを得ません。

さらに、愛の理想を全天地と同一化するためです。ですから、死は苦痛の道ではなく、宇宙的な愛を所有することのできる幸福の門を開門するのです。死ぬということは、歩き回る陸地の世界から飛び回って暮らせる世界に移ることです。

全宇宙を自分の舞台にして、愛で楽しめる旅行の資格者になり、そのような世界に入門するために死の道を行くのです。ですから、死ぬことは正に新しく生まれることなのです。(二九八―三二一、一九九九・一・一七)

私たちは、初め母親の胎内にいました。その胎が私たちを育てたふろしきです。そのふろしきの中から出てくるとき、すべて蹴飛ばし、破ってしまって生まれるのと同様に、私たちの霊人体に対して肉身はふろしきのようなものなので、これを切ってしまって飛んでいくのです。したがって人間は結局、水の世界、陸地の世界、空中の光の世界を経て、永遠の真(まこと)の愛の世界で暮らすようになるのです。(二九八―三二一、一九九九・一・一七)

霊界では生命の要素が愛なので、愛を通じた命令には、すべてに不可能がなく、即座に実現します。そこでは億万人が一度に夕食を食べるとしても、そこに合う食べ物を準備して、あっという間に宴会ができます。そのとき列席する貴賓たちが、みな王女、王子になりたいというときは、本物の王女、王子になるのです。それが可能です。皆さん、そのようなことを理解するなら、この地上で暮らしたいですか、あの世に行きたいですか。腹中にいるときは「腹中が一番いい」と言いながら、腹中でひたすら足で蹴飛ばしながら暮らします。途中で引き出そうとすれば嫌だと言うでしょう。そしてお母さんのおなかの中から外に出るときは、死んだような立場から目覚めます。地上での死というものも、死んでから目覚めるのと同じ作用なのです。したがって死とは、正に第二のお産です。(一九八一―三・一一、一九九九・一・一七)

(二) 被造世界における人間の位置

本来、神様の創造過程を考えてみれば、神様は、万物をつくって人間を造られました。そして、神様を中心としてすべてのものが始まったのです。人を造ることによって、神様と人間と万物が平衡的な立場で統一することを願われたのが、神様の創造のみ旨でした。神様がいて、この被造世界には地があり、その中に人がいるのです。このような中間的な立場に立ったのが人間なので、人間は霊界と肉界を接触させる媒介体だというのです。（六七―一四三、一九七三・六・一）

地球が地軸を中心として回転するのと同じように、神様の心情と目的を中心に創造された被造物も、その目的を中心に授受作用しなければなりません。このような授受作用をするときに、その媒介体になるのが人間です。こうして三点を成すのです。すなわち主点と客点、そしてそれを連結する中心基準の人間、これらが三点を成すのです。（一五―五二、一九六五・二・七）

人間は、和動の中心体です。和動するためには、絶対的な中心基準が設定されていなければなりません。それは、大勢の人が拍子を合わせようとすれば、指揮者を中心として上下関係がよく連結されていなければならないのと同じです。

この宇宙の和動の中心体が人間だということを、私たちは原理を通して学びました。ですから、このような人間は、絶対的基準と一致した位置にいるので、その人間がとどまる所に宇宙がとどまるのであり、存在世界がそれを中心として作用するのです。そして、その作用によって存在世界に力が生じるようになるのです。（二九―一二八、一九七〇・二・二六）

神様は、御自身のために万物をつくられたのではありません。人間のためにつくられたのです。人間は、存在世界の中心的な存在として造られたのです。ですから、人間には、存在世界のすべての要素と性稟(せいひん)が入っているのです。したがって、堕落した人間が完全な中心として決定したというときは、天地が公認するのです。このような人間は、宇宙の和動の中心体の位置に立つようになります。（二九―一三一、一九七〇・二・二六）

三 肉身と霊人体との相対的関係

生心とは何かというと、縦的主体であられる神様が横的なアダムの心の中に臨在さ

れるとき、その神様をお迎えする心です。それを生心というのです。（五〇―一八、一九七一・一〇・二四）

生心とは、心と霊が一つになり、新しい一つの目的に向かって動く存在です。神様を中心として私たちの良心と一つになり、霊肉を中心とした理想的な私をつくりだす動機に当たる心です。ですから、その生心がなくては、霊界と理想と真の愛とすべてのものを関係づけられる自らの根源を見いだせません。（九一―一四二、一九七七・二・六）

人間の霊人体と肉身の関係について見てみるとき、より重要なのは、肉身ではなく霊人体です。肉身は百年くらい生きて死にますが、霊人体は、時間と空間を超越して永生します。いくら地上界で良い服を着て、良い物を食べ、裕福に暮らした人であっても、結局、死ぬのです。したがって、私たちの人生は、霊的な基準と肉的な基準をよく調和させ、霊肉が一つになった完成実体を成して暮らしてから逝かなければなりません。現象世界であり有限世界である地上界の人生で、肉身を土台として霊人体を完成させるべき責任があるということです。だからといって、霊人体の完成が自動的にやって来るのではありません。必ず真の愛の実践を通して、体と心が完全一体となった人生の土台の上で、初めて完熟した霊人体が結果として実っていくのです。

秋になって、倉庫に入っていくよく熟した果物になるためには、春と夏という過程を経ながら、自然界が提供してくれる栄養素と主人の細やかな世話が絶対に必要です。無精で見識のない主人に出遭った果樹園の果物は、あらゆる疾病と悪天候に悩まされ、熟せないまま落果したり、虫に食われた果物として分類されたりしてしまうでしょう。果物は果物ですが、すべて同じ果物ではありません。市場に出して売れる完成品にはなれないのです。

木の上で完熟した果物は、自動的に主人の倉庫に入っていきます。同じように、人間の霊人体は、木と同じ立場にある地上界の人生で完成してこそ、自動的に無形世界である霊界の天国に入っていくのです。言い換えれば、人間は、肉身をもって暮らす地上界の人生で、完熟した人生、すなわち、この地に天国を成し、楽しく暮らしてから逝ってこそ、自動的に天上天国に入城するようになるのです。

地上界で暮らす間、私たちの一挙手一投足は、このような天の公法を基準として、一つ残らず私たちの霊人体に記録されます。したがって、霊界に入っていく私たちの姿は、肉界での人生を一〇〇パーセント収録した霊人体の姿です。よく熟した善の人生だったのか、虫に食われ腐った悪の人生だったのかは、私たちの霊人体に赤裸々に現れるのです。神様が私たちの審判主ではなく、私たち自らが自分の審判官になるということです。

このような途方もなく恐ろしい天理を知れば、どうしてあえて地上界の人生を、あらゆるサタンの誘惑に陥り、利己的で、快楽ばかりを追い求める背徳の人生で終えることができるでしょうか。私たちの霊人体に傷を負わせ、傷痕をつけることは、命を懸けて慎まなければなりません。天国行きと地獄行きが、きょうこの時間、私たちの考えと言行で決定されるのです。

だからといって、霊人体自体が真（まこと）の愛の人生を主導し、実践できるのではありません。私たちの霊人体は、必ず体と心の円滑な授受作用によって展開する肉身の人生を土台とした、真の愛の人生を通してこそ成長し、完熟し、完成するのです。ところが、私たちの中では、外なる人と内なる人が絶えず葛藤し、争っていることを否定し得ないでしょう。あとどのくらいこの争いを継続されますか。十年ですか。百年ですか。宇宙のすべての存在には、厳然とした秩序があります。神様は、私たち人間を、そのように不完全な状態で創造されたのではないというのです。外なる人である肉身の誘惑を果敢に振り切ってしまい、内なる人である良心の道に従って人生の勝利を達成することが、人間である私たちの義務であり、責任だということを知らなければなりません。このような人生を生きる人には、天運も共にあり、霊人体の完成も見ることができるのです。(二〇〇六・四・一〇)

霊人体と肉身はいつ一つになるのでしょうか。これが問題です。これは、音叉(おんさ)と同じです。音叉の一つを鳴らせば、他の側も振動数が同じように共鳴するのと同じ道理で、神様の愛の作用が私たちの心に来れば、自動的に体に反応するということです。ですから、体と心を一〇〇パーセント共鳴させ得る圏内に導けるのは、神様の知恵でもなく、能力でもなく、力でもなく、ただ愛です。愛だけだというのです。(一三八―

二五四、一九八六・一・二四）

人が完成すれば、霊人体と肉身が心情圏で共鳴する共鳴圏が、初めて設定されます。人間世界において霊人体と肉身が何を中心として共鳴するのでしょうか。知識でも共鳴しません。理性でも、喜びでも共鳴しません。物質的な喜び、世の中の所有欲を通した喜びでは、霊人体と肉身が共鳴しないのです。共鳴はほかのものでなされるのではありません。愛を中心としたものによってのみ共鳴するのです。

ですから、男性がいれば絶対に女性が必要です。絶対に必要です。男性に相対である女性がいなければ、男性の霊人体と肉身が共鳴する道がありません。周波数が同じであってこそ共鳴するのです。男性一人では、いくら信仰生活を一生懸命にやったとしても、共鳴する道がありません。女性と一つになるときに共鳴するようになるのです。女性の完成した霊人体と肉身や男性の完成した霊人体と肉身も、愛を中心として共鳴するようになっているのであって、ほかのものでは共鳴しません。その愛が根源となって神様を中心として連結されるようになっているのです。（一七二―八五、一九

八八・一・九)

私たちは地上界で肉身生活をしていますが、心だけは永遠の世界に向かって進んでいます。私たちはこの世に生まれると、十代、二十代、三十代、そして中年と壮年と老年時代を通過します。このように青春時代を過ぎて壮年時代を経、老年の峠を越えつつ、日が沈むように人生を終えていくのです。しかし霊界があるという事実を知っている人々は、地上で肉身をもって生きる一生はわずかなもので、死んだのち、私たちが迎えるべき世界は永遠だということをよく知っているのです。ですから地上での生涯というものは、永遠の世界に行く準備をするための期間です。

学生を例に挙げれば、学生が一学期あるいは一学年を終えるときには、学校が定めた取得すべき単位の基準があります。その最高基準を百点とするとき、その基準にその学生の単位がどれほど到達したかという割合によって、学校から認められる割合が決まるのです。しかし単位が足りない比率が高ければ高いほど、その学生は学校が立てたその価値基準から遠ざかるのです。

このようにすべてのものは、ある標準を中心としてその価値を測定するようになっているのです。私たちが一生の間肉身世界で生きるのも、あたかも学生が学校でいい点数を取るために準備する期間と同じようなものです。言い換えれば、私たちの生涯すべてを懸けて単位を取る準備期間だということです。すなわち私たちの一生において責任を追求するある基準の前に、私たちがどれほど一致するかという基準値を中心として、私たちは日々の生涯路程を歩んでいるのです。

ところがほとんどのこの世の人々は、本来人間がこの世に生まれて生き、求めていくべき本然の世界がどこなのかをはっきりと知らずにいるのです。すなわち死後の世界があるかないか、神様が存在するかしないかも知らずに生きています。（二九七―二五〇、一九九八・一二・一九）

霊界に行く時までに、私たちは何をしなければならないのでしょうか。その時になって、その世界に適応できるように、私たち自身を訓練しなければなりません。父母を愛し、夫婦同士愛し合い、子供を愛しながら、この地上世界で訓練をしなければなりません。そうして時が来れば、永遠の世界へ入り、永遠に神様に侍って生きるようになるのです。（二九七―二六一、一九九八・一二・一九）

人間はどのみち死にます。私たちは、善なる自己を永遠の世界に第二の私として立てるために、苦労を覚悟しなければなりません。お母さんの腹中で胎教をよく受けてこそ、健康で善なる赤ちゃんとして生まれるのと同じように、私たちの地上世界での生活も、よく準備しなければなりません。神様の形状を見習い、神様の心情を見習い、神様の聖なる神性を見習いつつ、大きくならなければなりません。大きくなってからは、また命を懸けて越えていかなければなりません。したがってどんなに恐ろしい暴風雨がやって来ても、私たちは最後の峠を越えなければなりません。よくやっていても、境界線の前で倒れてはなりません。

私たちがこのような人生の境界線に立つとき、私たちは果たして何をしなければならないのでしょうか。気を引き締めて頑張っても最後まで行けるかどうか分からないのですから、おたおたしていたら、途中で挫折してしまうのです。最後の決勝点まで境界線を突破しなければ、勝利者になれません。

人として生まれ、一度やってみるだけの価値のあることです。いくら後ろで反対し、横から迫害したとしても、自分の行く道を行けばいいのです。人が反対することに関与している余地はありません。一歩ずつでも早く行って、この運命の道を通過していこうという人が、最後の境界線を越えていけるのです。私たちはみな、そのように行かなければなりません。

ですから私たちは、私自身を見つけなければなりません。私たちが自分自身を主張するときは、神様と真(まこと)の父母に、そうだと認定されなければなりません。その土台の上に私たちは親戚、一族、一国、このように発展させていき、私たちの生活環境を拡大していくのです。(二九七―二六一、一九九八・一二・一九)

堕落論について

第一節　罪の根

人間が罪を犯すようになった動機は、私たち人間自体にあるのではなく、罪を犯させた主体的な悪の存在がいて、その悪の主体が動機になったのです。この罪を犯させた主体が誰かといえば、聖書に現れている悪魔サタンです。（五四―五六、一九七二・三・一二）

サタンの正体について、はっきりと知らなければなりません。サタンは、なぜサタンになったのでしょうか。今日、既成教会の信徒たちは、サタンの正体について知りません。病気になれば、その病気を治すためには、病気の原因をはっきり究明し、それに見合った処方を通して投薬がなされなければならないのであって、盲目的に「そのようなものだ」と考えていてはいけません。（一四二―二六五、一九八六・三・一三）

このサタンという存在が問題となって人類が堕落したので、これに関することを私たちははっきりと知らなければなりません。サタンの犯した罪がどのようなものなのかをはっきりと分かれば、神様の前にすぐに讒訴（ざんそ）できるのです。世の中で罪を犯した殺人強盗も、自分が罪を犯しても、世の中の人たちがその事実をはっきりと知るまでは、どこに行っても堂々と振る舞えます。しかし、自分が殺人強盗だということを知る人がいれば、その人がいくら幼い少年だとしても、その前に頭を下げなければなりません。（五三―二七、一九七二・二・六）

(一) 生命の木と善悪を知る木

創世記を見ると、エデンの園には二本の木があったのですが、一本は生命の木であり、もう一本は善悪を知る木といいました。その木は何でしょうか。神様が取り戻さなければならない真（まこと）の男性と真の女性です。真の父母になり得る男性と女性を失って

しまったので、それは真の父母を象徴する言葉です。（一三四―一七一、一九八五・四・七）

㈡　蛇の正体

サタンがどのようにしてサタンになったのかということを、聖書を通して調べてみましょう。ヨハネの黙示録第十二章九節を見ると、「この巨大な龍、すなわち、悪魔とか、サタンとか呼ばれ、全世界を惑わす年を経たへび」という言葉があります。「巨大な龍」のことを「年を経たへび」と言っています。この「年を経たへび」とは何かというと、人類を堕落させた根本となる蛇を指摘しているのです。その蛇の正体は龍なのですが、この龍を「悪魔」とか「サタン」と呼ぶというのです。

サタンである「年を経たへび」は「地に投げ落(おと)され」とあります。「年を経たへび」の本来の居所は、地ではなく天です。霊的な世界から追い出されたので、彼が霊的な存在であることは間違いありません。エデンの園で蛇がエバを騙(だま)したといいますが、それは比喩です。サタンは、神様とアダムの会話の内容と約束したことをすべて知っていました。ですから、サタンは神様とアダムとエバと最も近い位置にいた存在であることは間違いありません。（五三―八三、一九七二・二・一〇）

創世記に出てくる蛇は、地上を這い回っている蛇のことではありません。その蛇は、神様とアダム、エバが話すことをすべて理解していました。このことから考えてみるとき、それは誰よりも近い所にいる存在なのですが、その存在とは何だったのかが問題です。それは天使しかいないというのです。（五三―一三九、一九七二・二・一三）

それでは、この悪魔サタンがもとからいたのか、そうでなければ、神様の創造物の中のある存在が横から入ってきて、人間を堕落させることによって悪魔サタンになったのか、これが問題です。皆さんの中で、神様はいるか、あるいはサタンはいるかについて考えたこともない人には、これは理解し難い問題かもしれません。しかし、皆さんが神様に対して真剣に祈れば、必ず妨害する存在がいることを体験できるはずです。そのような存在がいて、神様と人間が関係を結べないように反対作用をしているのです。

今まで、六千年という人類歴史を中心として、人間を苦痛の中に閉じ込めてきたサタン、神様が救援摂理をしているにもかかわらず、その救援摂理を成就できないようにしてきたサタン、神様に反対するこのサタンという存在がどれほど巧妙であるかということを私たちは考えざるを得ません。そのようなサタンが神様と同じように最初から存在していたとすれば、今日、堕落した私たち人間が、そのサタンに勝利して天国に行くということは、これ以上ないほど難しいことです。

そのような立場に立てば、二元論になるのです。そのようになれば、目的が二つになります。相反する目的が二つになるので、一つに統一するということは、いつまでたっても不可能です。その間に挟まれている私たち人間が、神様の願う目的に行くというのも難しいことです。ですから、私たちが願う理想世界は、夢にも訪れません。したがって、もともとからサタンがいたと見ることはできないのです。このように見れば、サタンは、何かの事故により、途中で横から入ってきた存在だということを認めざるを得ません。（五三―三二八、一九七二・三・六）

神学的な立場でも、元から悪魔サタンがいたのか、いなかったのかが問題となっています。もしサタンが元からいたとすれば、問題が大きいのです。全知全能であられる神様の摂理に対して、六千年間、反抗しながらそれを遮ってきた、巧妙で抜け目のないサタンが元からいたとすれば、このサタンを退治し、除去できる人は存在し得ないのです。

サタンが元からいたとすれば、堕落した人間が救いを受けて天国に行っても、再び堕落する可能性があるということです。ですから、サタンが元からいたとすれば、私たちが救いを受けて完成したいという希望を成し遂げることは不可能です。もしサタンがいることを知って、神様がこの世界をつくられたとすれば、その神様は、おかしな神様と言わざるを得ません。

このような点から見れば、サタンは、元からいたのではないというのです。そして、人間は、完成したあとに堕落したのではなく、未完成期に過ちを犯して堕落したという論拠を、私たちは見いだすことができます。（五四—五六、一九七二・三・一一）

㈢ 天使の堕落と人間の堕落

蛇、つまり悪魔サタンが人類始祖を堕落させたのですが、いったい何の罪を犯したのでしょうか。これが問題です。ユダ書六節を見ると、「自分たちの地位を守ろうとはせず、そのおるべき所を捨て去った御使（みつかい）たちを、大いなる日のさばきのために、永久にしばりつけたまま、暗やみの中に閉じ込めておかれた。ソドム、ゴモラも、まわりの町々も、同様であって、同じように淫行にふけり、不自然な肉欲に走ったので、永遠の火の刑罰を受け、人々の見せしめにされている」とあります。これを見るとき、悪魔サタンが罪を犯した動機は何か、犯行の内容は何かというと、姦淫（かんいん）であることが分かります。（五三―一九五、一九七二・二・二一）

サタンは姦淫によって堕落したのですが、これは人間の堕落と通じます。エバは堕落した結果、どうなりましたか。見て、取って、食べて、口を塞いだのではなく、手を隠したのでもなく、なぜ腰を隠したのか、これが問題です。

聖書のイエス様の言葉を見ると、ヨハネによる福音書第八章四十四節に不信する者たちに対して「あなたがたは自分の父、すなわち、悪魔から出てきた者」と記されています。サタンと人間との関係において行われた淫行を神様も赦(ゆる)すことはできません。淫行関係によって血統が汚されました。これは否認できません。ですから、私たちの先祖は結局、堕落して血統を汚してしまったのです。(五五―三八、一九七二・四・二三)

アダムとエバの堕落は神様の真(まこと)の愛の理想に背いた不倫の犯罪です。守るべき戒めが必要だった堕落前のアダムとエバは、未完成段階、すなわち成長期間で堕落してしまいました。蛇で表示された天使長の誘いを受け、エバが霊的に堕落し、そのエバがアダムを誘って肉的な堕落をしてしまったのです。

本然の園で神様と対話しながら、楽しくはしゃぎ回って暮らしていたアダムとエバが、死ぬことまでも顧みないで犯し得る可能性のある犯罪は、間違った愛の犯罪しかないのです。人類の先祖の初愛の結合は、神様自身の愛の完成でもあったので、当然、神様もアダムとエバも宇宙万象も、歴史を通して歓喜と祝福の中に酔う幸福な宴(うたげ)の連続でなければなりません。神様の愛と生命と血統が人間の中で出発しながら定着する幸福な儀式でなければなりません。

ところが、彼らは下半身を覆い、木の後ろに隠れて、不安に震えました。天道に逆らう偽りの愛、偽りの生命、偽りの血統の根源をつくった不倫の関係を結んだからです。こうして堕落したアダムとエバの子孫である全人類は、子々孫々、生まれる時から原罪をもつようになりました。人類が個体の中に心と体の衝突を矛盾として感じるのも堕落に根源があり、愛の秩序が紊乱(びんらん)した社会の中で、本心が願わない生を生きていくのも、すべてここに由来しているのです。(二七七―二〇〇、一九九六・四・一六)

堕落は間違いなく淫乱によって始まったことを認めなければなりません。堕落したことを知らなければならず、淫乱によって堕落したことを知らなければならないのです。第一は堕落したこと、第二は淫乱によって堕落したこと、第三はそのような堕落したサタンの武器がこの地を覆っていることを知らなければなりません。(二三五―二

〇〇、一九九二・九・二〇）

㈣　善悪の実

聖書では、エデンの園で人類始祖が善悪の実を取って食べたことが堕落の起源になったといいます。しかし、これは、聖書の重要な部分がそうであるように、文字どおりの果物ではなく、比喩と象徴で説明したものです。マタイによる福音書の第十五章十一節で語られているように「口にはいるものは人を汚すことはない。かえって、口から出るものが人を汚すのである」とあるのです。（二〇〇一・五・八）

取って食べてはならないと言われた善悪の実とは、未完成なエバの貞操のことであり、さらにはエバの生殖器を指し示しているのです。人間にとって生殖器は、神様が最も心血を注いで創造されたものであり、真（まこと）の愛の王宮であり、真の生命の王宮であり、さらには真の血統の王宮として創造されたのです。善悪の実とは、文字どおりに王と関係をもてば王子を生むのであり、マフィアと関係をもてばマフィアの子女を生むのです。種を蒔(ま)いたとおりに収めるようになります。それで、善と悪を分ける善悪の実というのです。（二〇〇一・七・三）

(五) 罪の根

善悪の実を手で取って食べたことが罪なのでは、絶対にありません。他の問題を除いても、善悪の実を取って食べて堕落したというのは、絶対に違うというのです。愛の問題でなければ死を超越することはできません。これは常識的に考えてもそうです。今までの牧師たちは、善悪の実を取って食べて人間が堕落して原罪が生じたと言いました。それでは、原罪とはいったい何ですか。これを考えてみるとき、愛の問題で堕落したというのです。（二三一―二〇～二二、一九六九・五・一一）

「私たちはイエス様を信じ、その血の功労によって完全な救援を得た」と考えるクリスチャンたちが多いと思います。よく信じて完全な救援を得たという牧師、神父、あるいは教区長がいるとすれば、彼らが生んだ息子、娘は、イエス様を信じなくても天国に行けるのかというのです。行けません。この上なくイエス様を信じる使徒ヨハネのような人が結婚して生んだ息子、娘だとしても、やはりイエス様を信じて初めて救援を得るのです。それを見るとき、私たち人間の中から罪の根を完全には抜き得なかったことを皆さんは知らなければなりません。

このように罪の根を植えておいた堕落の起源が何であるがゆえに、それほどまでにひどいものなのかという問題を考えてみるとき、血統的な問題にその原因があるという事実を否定できません。ですから、悪魔サタンは姦淫をしたというのです。（五三―一九五、一九七二・二・一二）

どこで天国と地獄が分かれるか調べてみましょう。空中ですか。どこでしょうか。正に皆様の生殖器です！　深刻なことです。これが天地をひっくり返しました。この事実を誰が否定できますか。レバレンド・ムーンが発表した原理の本の堕落論に、説明がなされています。疑問に思うなら神様に尋ねてみてください。皆さんには夢にも想像できない内容と理論をもって、体系立てておいたレバレンド・ムーンの原理の本に、誰も反対することはできないのです。（二七九―一一八、一九九六・八・一）

千代万代の子孫が罪人になる善悪の実とは何でしょうか。これは血統的関係です。血統的に罪の根を植えておけば、遺伝の法則によって永遠に続くのです。そうであり得るのは愛の問題だけです。誤った愛が堕落の原因です。（二二三―一六七、一九六九・五・一八）

サタンの血統は、どの部分から連結されたのでしょうか。キスを通じてですか。愛を通じてです。それはどこですか。その起点がどこですか。生殖器です。神様の視点から見るとき、この生殖器が恐ろしい器官だというのです。（三〇四―一一一、一九九九・九・五）

第二節　堕落の動機と経路

㈠　天使の創造とその使命および人間との関係

天使長の本分は（神様の）創造に協助することです。創造の偉業に協助するようになっているのです。その次には何ですか。頌栄（しょうえい）を捧げることです。協助して頌栄を捧げる、その使命を果たしながら神様の相談相手になるようになっています。（七六—五八、一九七五・一・二六）

神様は、アダムも愛され、天使長も愛されます。ところが、天使長は神様の僕（しもべ）です。神様の僕なので、天使長は神様と父子の関係にあるアダムの僕にもなるのです。（三四—五八、一九七〇・八・二九）

神様の息子、娘の位置は、アダムとエバが堕落したその位置よりも高い位置です。言い換えれば、堕落する前のアダムとエバよりも高い位置なのです。つまり天使長に命令をすれば、天使長が「はい」と言って順応しなければならない位置であり、神様の子女として栄光を謳歌できる位置であり、神様のこの上ない愛を受けることのできる位置です。（二一—三二九、一九六九・一・一）

コリント人への第一の手紙第六章三節を見ると、「あなたがたは知らないのか、わたしたちは御使をさえさばく者である」という聖句があります。人間は天使までも審判しなければなりません。このように途方もなく高貴な人間なのですが、今日の人間は、美人や美しいものがあると、「ああ！　天使のようにきれいだ」と言います。本来は、天使など比べ物にならないというのです。（五三—一四〇、一九七二・二・一三）

(二) 霊的堕落と肉的堕落

悪魔は本来、天使長でした。天地を創造するとき、補助役としてつくられた被造物です。そのような存在として、神様がアダムとエバを愛していることを知り、アダムとエバが神様の息子、娘として造られたことを知っていました。ところが、神様がアダムとエバを愛しているのを見ながら、天使長自身が愛の減少感を感じたのです。それだけでなく、天地のすべてのものが自分を中心としてつくられたのに、アダムとエバを造ってからは、それがすべてアダムとエバのものになっていくというのです。(一九九―三六一、一九九〇・二・二一)

サタンが、アダムとエバに対して、愛の減少感を感じたことが堕落の動機になりました。サタンは、人間が造られる前から、長い間神様の愛を独占していました。ところが、アダムとエバが神様の愛を受けるようになると、彼らを堕落させ、神様の愛を独占しようとしたのです。これが堕落の動機です。(二二―三三一、一九六九・一・二)

エデンの園には五人の男性がいました。それは、すべての被造世界の男性格主体であられる神様をはじめとして、アダム、そしてルーシェル、ガブリエル、ミカエルの三人の天使長でした。女性は、エバ一人だけだったのです。エデンの園で彼らは、恥ずかしく思うことなく裸で過ごしながら、相対関係になっている昆虫や動物などの生態系を見て何を感じたでしょうか。それで、創世記第二章十七節の「善悪を知る木からは取って食べてはならない。それを取って食べると、きっと死ぬであろう」と言われた戒めは、エバの愛の問題を強く警告したものでした。エバは、神様を中心として個性完成して、神様が許諾なさる祝福結婚をする時までは、絶対に純潔を守って神様の永遠の愛と生命と血統を繁殖すべきだったのです。しかし、エバは、僕(しもべ)である自分の立場を忘れて過分な欲望をもった天使長ルーシェルと不倫な関係を結んで堕落してしまったのです。(二〇〇一・五・八)

　エデンの園では裸で暮らしていました。アダムとエバの生活というのは男性と女性の生活です。女性は日陰に座って休もうとし、男性は動物などの万物を主管する主人にならなければならないので、春の季節になると野山を駆け回り、あらゆるものを探索しようとします。エバはついていけません。ですから、兄に当たるアダムについていこうとして、「お兄ちゃん、私も連れていって！」と言いながら毎日たくさん泣いていたのです。

このようなエバと誰が友達になってくれたのかというと、天使長がなってくれました。エバが十歳になり、十代になって動物たちを見てみると、雄と雌が一つになって子供を産んで仲良く暮らしています。花もそうで、すべてそうです。女性のエバは男性よりもそのようなことに対して理解するのが早いのです。天使長はそのことを知っていました。泣くエバを裸のまま抱きかかえてあげると、天使長の局部とエバの局部が触れるのです。そのようなところで力を入れれば終わりです。ですから、何を警戒し、注意しなさいと言ったかというと、愛の関係に注意しなさいと言ったのです。それがエデンの園で神様が最も心配していたことです。（二七二―二九七、一九九五・一〇・一三）

もしエバが自分に迫ってきたその誘惑の手を正しく分別していれば、堕落していなかったでしょう。神様のみ言（ことば）を中心として、命懸けで最後までサタンに対して闘っていったなら、エバは堕落しなかったというのです。ところが、時ならぬ時に時のものを願う不倫な欲望をもつことによって堕落してしまいました。（三―二一〇、一九五七・一一・一）

アダムとエバが、彼らが堕落する前に神様に先に尋ねていたならば堕落しなかったでしょう。「天使長がこれこれこうするのですが、どうしましょうか」と尋ねなければなりませんでした。そうしていたならば、神様が答えたはずです。この、尋ねてみることが責任分担の五パーセントです。尋ねてみるのは自由です。しかし、尋ねないで横的関係を結んでしまったのです。それが問題です。尋ねないで行動したので問題が起こったのです。（三三―二四一、一九七〇・八・一六）

エデンの園でアダムとエバが堕落した経路を、もう一度考えてみましょう。エバが善悪の実を見ると、美しく食べるには好ましいと思われました。それで、取って食べてしまいました。ところが、エバが罪を犯してみると、大変なことになったというのです。その天使長は自分の夫ではないことが分かったので、分別のない十代の少年だったアダムに愛を強要するようになったのです。アダムに対して取って食べなさいと強要しました。（五四―一三六、一九七二・三・二二）

堕落したエバはアダムに対して、「善悪の実を取って食べなさい、取って食べなさい」と言いました。それはどういうことですか。「愛し合おう、愛し合おう」ということです。それでは、神様の「取って食べてはいけない」という戒めを知っているアダムは、エバが「取って食べなさい」と言ってきたときに何と言ったでしょうか。「ああ、それはいけない！」と言いましたが、そのように言いながらも取って食べてしまったのです。

エバは目を見開いて「取って食べなさい」と言い、アダムは「嫌だ、嫌だ」と言ったのですが、エバがすがりついて哀願してくるので、見るに見かねてしかたなく「好きなようにしなさい」と言ってしまったのです。ですから、アダムは「嫌だ」と言い、エバは「食べましょう」と言い合いながら争いが起きました。そこから争いが起き、そこで争いの種を受けたので、その血統を受け継いだその子孫たちも争いを起こさざるを得ません。

心と体が争うようになった動機とその出所も、それが起源です。ですから、偽りの父母を中心として、偽りの愛によって偽りの生命、偽りの血統、偽りの良心を受け継いだのが今日の堕落した人類なのです。（二六五―三六、一九九四・一一・二〇）

第三節　愛の力と原理の力および信仰のための戒め

(一)　愛の力と原理の力から見た堕落

本来、人間は愛で主管されるようになっています。愛の因縁さえ結べば、少しも身動きできずに主管されるようになっているのです。愛によって一つになれば、分ける

ことができません。（三九―九一、一九七一・一・一〇）

神様は愛であると言いますが、その愛は過去を収拾できるものであり、時代を主管できるものであり、未来を開拓できるものです。その愛によって苦労も克服できるのであり、困難な環境も消化できます。また、愛の力は強いので、その力と一つになれる起源を備えた人がいれば、その人はいくら困難なことがぶつかってきても、十分に消化でき、十分に主管して余りあるのです。愛はこのような力の母体です。（三三―二一七、一九七〇・七・一九）

なぜ愛の力が強いのかというと、すべての細胞が一つになった力によって作用するからです。愛の力は、宇宙も止められません。宇宙のほうが動くのです。ですから、愛の相対者を見ながら笑って暮らす人は年を取らないというのです。この愛の力こそが、宇宙を春の愛の花園にするのです。（八六―三三〇、一九七六・四・一八）

人生の目的は神様の愛を占領することです。神様の愛を占領できなければ、人間がいくら希望を成し遂げたとしても、それは希望を成し遂げたことになりません。いくら幸福だとしても、その幸福は永遠の幸福にはなり得ないのです。

それでは、なぜ神様の愛が永遠の幸福になるのでしょうか。力というものを見ると、作用をすれば必ず消耗することが分かります。モーターのようなものを見ても、入力イコール出力ではありません。常に入力が大きいのです。時間がたつにつれて、そこで消耗される分だけ補給してあげて、初めてその力が維持されます。

ところが、この原則が当てはまらない一つの力があります。それが何かというと、愛の力です。愛の作用だけは、この原則が当てはまりません。例えば、甲という人が私に真実の愛を十くれたのに、私は九だけ返してあげなければならないと考える人がいますか。本当に私を愛したことが分かれば、より多くの愛をプラスして返したいと思いますか、減らして返したいと思いますか。減らして返せば愛ではありません。

十の本当の愛を受ければ、それに加えて十一、十二を返したいと思うのです。ですから、愛の力は与えて戻ってくるときには、必ず大きくなって戻ってきます。他の力とは反対です。愛の力はもっと大きくなっていくのです。したがって、神様も愛がなければ永存できないという結論が出てきます。(三八―三二六、一九七一・一・八)

神様の愛はどのような愛でしょうか。与えて満足するものではなく、与えてもまた与えたいと思って、与えきっていないことを恥ずかしく感じる、そのような愛です。与えて恥ずかしく感じる人であるほど、本当の愛の主人です。父母は子供に服を着せてあげても、もっと良い服を着せてあげられずに申し訳なく思います。与えて満足するのではなく、不足だと感じるので、愛を通してそれを補充してあげるのです。ですから、与えきれなくても、完全なものとして戻ってくるのが愛なのです。(三八―三二六、一九七一・一・八)

(二) 信仰のための戒めを下さった目的

創造主と人間との真(まこと)の愛を中心とした完全、完成を願う神様は、人間と一体となる条件が必要でした。それで、神様は人間始祖に与える戒めが必要だったのです。人間が成長期間を育っていく未完成段階にいたことを御存じの神様は、子女である人間に最も貴い真（まこと）の愛を相続させてあげるための条件として戒めを下さったのです。（二七七―一九六、一九九六・四・一六）

神様がアダムとエバに戒めを与えたのは、絶対信仰の上に与えたのです。絶対信仰の上に立ちなさいということです。神様があらゆる万物を創造するときには、絶対信仰の上でつくられました。むやみにつくられたのではありません。いい加減につくったのではなく、絶対信仰の上でつくられたのです。また、絶対愛の上でつくられました。万物を創造するにおいて、御自身の愛の対象として創造されました。その愛の対象の価値を連結させてすべての万物をつくられたので、つくられたすべてのものは愛の主人のために存在するようになります。

アダムとエバが完成すれば、神様を絶対的に愛するのです。その次に絶対服従します。絶対服従というのは、自分の存在意識がありません。完全に真空状態に入っていきます。自分のすべてのものを投入して絶対真空状態に入っていくことによって運動が起きます。

そのように宇宙を創造されたので、アダムとエバの家庭に神様が戒めを下さったのは、主体と対象になろうとすれば、主体である神様と同じ立場に立ちなさいということなのです。そこには自分の存在意識があってはいけません。神様が行くなら行き、神様が来るなら来て、自己主張はあり得ないというのです。（二七二―二九七、一九九五・一〇・一三）

創造当時、神様がどれほど精誠を尽くして愛の対象である被造物をつくられたでしょうか。その精誠の限りを尽くしてつくった存在がアダムとエバなのですが、彼らが御自身の代身者になることを願われたので戒めを与えたのです。戒めとは何かというと、絶対信仰することです。そうしてこそ、絶対信仰をもって創造した、その目的実体になるのです。同じ立場に立つということです。絶対信仰の立場に立って、私を絶対に信じなさいというのです。（二七九―七八、一九九六・七・二四）

(三) 信仰のための戒めが必要な期間

神様の愛を受け得る人間始祖になれずにサタンに引っ張られていったのですが、神様から愛を受け得る段階に入っていけば、サタンはそれに干渉できません。そこからサタンと永遠に離別するのです。ですから、サタンの干渉を受ける位置、つまり間接主管圏から直接主管圏に越えていくということは、神様の愛を中心として干渉を受け得る圏内に入っていくということです。それでは、サタンはどの限界線まで反対できるでしょうか。原理結果主管圏内までです。責任分担を果たせていないその段階にいるとき、サタンは讒訴（ざんそ）して干渉することができるのです。

原理結果主管圏内を越えるとすぐに直接主管圏内に入っていくのですが、直接主管圏内は神様の愛を受けて、初めて入っていけます。ですから、そのようになれば、サタンはそこに存在することができません。公法がそのようになっています。（一四三―七七、一九八六・三・一六）

第四節　人間堕落の結果

(一)　サタンと堕落人間

悪魔サタンが人類始祖を堕落させることによって何になったのですか。聖書のヨハネによる福音書第十二章三十一節を見れば、「この世の君」とあります。この宇宙をつくられた主人公が神様であるにもかかわらず、その主人公を押しのけて、どうしてサタンが人類を主管し、世界を支配できる「君」になったのか、これが大きな問題です。したがって、この世界は、善の神様が主管する善主権の世界ではなく、悪のサタンが主管する悪主権の世界です。私たち人間は、悪主権、サタンのもとで支配されていることを知らなければなりません。(五三―一九五、一九七二・二・一二)

人類始祖が堕落したのち、歴史は神様が主管されたのではなく、サタンが主管したことを、私たちは知るようになりました。しかし、本来この世の主人には、神様がならなければならなかったのです。神様と愛の関係を結んだ直系の血統の子女、その子女たちによって構成された真の家庭を中心として、氏族と国家と世界が成されていたならば、それこそ神様が主管できる世界であり、神様が主管できる国であり、神様が主管できる家庭であり、神様が主管できる個人になっていたのです。ところが、人間が堕落することによって、個人から家庭、氏族、民族、国家、世界、このように全体が神様と反対の立場に立つようになったのです。これが堕落の歴史であり、堕落の世界です。(二〇〇三・二・五)

不幸にも、人間始祖の堕落によって、人類は、抜け出すことのできない絶望の奈落に落ちてしまいました。本来、人間は、霊的五官を通して神様と直接交流しながら暮らし、肉的五官を通しては、万物を自由自在に主管し、それと同時に霊界と肉界を代表した真の主人であり、真の父母であり、真の王になっていなければならなかったのです。

しかし、彼らは、堕落によって霊的五官が完全にまひしてしまい、青盲（目は開いているが見えない人）の立場に転落してしまいました。肉的五官にのみ頼って生きなければならない半人前の人間になってしまったのです。父母である神様を見ることも、声を聞くことも、感じることもできなくなったので、どうして父母の愛を知り、事情を知ることができるでしょうか。

元来、神様が立たなければならない真の父母の位置に、サタンが押し入ってきて偽りの父母となり、あたかも自分が父母であるかのように振る舞いながら人類を徹底的に拘束し、奴隷にしてしまいました。したがって、今日私たちがもっている愛、生命、血統は、すべてサタンがアダムとエバに蒔いておいた偽りの愛、偽りの生命、偽りの血統を受け継いだものとならざるを得ないのです。（二〇〇四・一・二七）

人間は、堕落することによって神様の愛を失ってしまいました。神様の愛がない状態で関係を結んだのが堕落なので、今日私たちが世の中で結ぶ愛の因縁は、本性の人間が慕えない愛です。その愛は、地上ですべて溶けてなくなってしまうのです。ですから、いくら地上で仲の良い夫婦でも、霊界に行けば他人になってしまうのです。間違いなく別れてしまいます。しかし、もともと堕落せずに神様の愛で結合して出発した夫婦ならば、永遠に別れることはありません。（一八―三二九、一九六七・八・一三）

(二) 人間世界に対するサタンの活動

堕落はもともとどこから出てきたのですか。不平不満から始まりました。不平不満をもち、不幸になって悪い者になり、悲しむようになりました。これはサタンが人間に侵犯して入ってくる公式経路です。不平不満は不幸に通じ、不幸は悲しみに通じます。（一七―一七、一九六六・一一・六）

サタンは他の所にいるのではありません。堕落圏内である地上世界が地獄圏です。ここにいるのです。どのように存在しているのでしょうか。自分たちと同じ欲心をもち、良心をすべて蹴飛ばして肉身の欲望どおりに動く人は完全にサタン側なので、そこにすべて絡みつくのです。肉身の欲望を中心とするものは、道理に従って基盤を築くのではなく、強制的に逆説的な方法を選ぶので、そこに結ばれたあらゆる事件や思考には、自分の先祖たちを中心として悪の霊人たちが順番に絡みついているのです。（二八二―一八七、一九九七・三・一二）

アダムとエバがエデンの園で堕落するとき、天使長が現れて「園にあるどの木からも取って食べるなと、ほんとうに神が言われたのですか」（創世記三・一）と言ったとき、エバは「わたしたちは園の木の実を食べることは許されていますが、ただ園の中央にある木の実については、これを取って食べるな、これに触れるな、死んではいけないからと、神は言われました」（創世記三・二〜三）と答えました。それを聞いた天使長は、「あなたがたは決して死ぬことはないでしょう」（創世記三・四）と言って中心である神様のみ言（ことば）を否定したのです。中心を否定することが悪の起源だというのです。ですから、悪とは何でしょうか。中心を否定するものであり、方向をずらすのが悪です。（五

七―二四六、一九七二・六・四）

人間が発展しようとすれば、神様の愛の段階を万物から訪ねていくのと同じように、地上世界のすべてのサタンは、現象世界を中心として万物にくっついています。霊界に行っていないというのです。しかし、万物では復帰されないので、人にくっついていこうとするのです。復帰できる人にくっつくのです。これはなぜでしょうか。すべての万物の愛を代表するのが人間だからです。人間が愛を完成できる道であり、すべての愛の段階を越えることができる本体なので、そこにくっついて自分も解放されようとするのです。霊界が空っぽになっているという話はここから出てきます。ですから、地上が問題です。（二九三―二四九、一九九八・六・一）

㈢　目的性から見た善と悪

善は常に絶対者でいらっしゃる神様を中心として相対的立場に立つものであり、悪は自分を中心として主体的な立場に立つものです。ですから、善とは何でしょうか。自分を犠牲にして全体目的にプラスになるようにするのが善です。それでは悪は何でしょうか。全体を自分に引っ張り込むことです。善と悪は方向が異なるのです。体は自分が願うことばかりをしようとし、心は体が願うことをできないようにしようとします。方向が違います。（一六―一三七、一九六六・一・二）

私が善と悪の分岐点です。それでは、善とは何でしょうか。公的なものです。悪とは何でしょうか。私的なものです。それでは、公的なものとは何でしょうか。これは、より大きなものを重要視することです。私的なものとは何でしょうか。より大きなものを否定して、私を重要視することです。公的なものは拡大するためのものであり、私的なものは拡大したその舞台を縮小させるためのものです。ですから、公的な道を行けば繁栄しますが、私的な道を行けば、結果は終末が近づき、滅びます。興亡盛衰も、善悪を基準として左右されるのです。（一〇九―二六八、一九八〇・一一・二）

真の愛と偽りの愛とは何でしょうか。これを知らなければなりません。真と偽りとは何か、これを知らないために社会に混乱が起きるのです。道徳観念が沈滞し、退化するのも、これを知らないからです。悪とは何でしょうか。悪は自分を中心としてすべてのものを手に入れようとします。世界の歴史過程において悪神と善神が闘争していますが、その闘争において悪の側になる人、サタン側に引っ張られていく人と、善の側、神側に引っ張られていく人とでは、どのように違うのでしょうか。自分を中心としてすべて手に入れようとする人は、悪魔サタンの素性に似ているので悪の側です。反対に、全体のために自分から与えようとする人は、善の側になるのです。(一四一―一一〇、一九八六・二・一九)

「信仰する人は絶対的に神様を信じよ！　絶対的に神様に帰依せよ！　神様を中心として完全に立ちなさい！」というのが信仰の第一条です。いかなる宗教でも、これが信仰する人にとっての第一条です。その次に何かというと、神様が立てた法度と完全に一つになりなさいということです。

このような観点から見れば、神様は独裁者のようだという思いがすぐに出てきます。しかし、そうではないということを知らなければなりません。それでは、神様を中心として完全に一つになりなさいということ、原理と一つになりなさいということは誰のためなのでしょうか。それは神様のためではなく、私のためです。観点が違うのです。

今日の世の中で「独裁者」と言えば、国民をすべて掌握し、自分を中心として一つになれと言いながら、自分のために国民を利用する人のことです。自国の国民の目的のためではなく、自分の目的のために国民を利用し、自分の目的のために国民に苦痛を与えるとき、そこにおいて独裁というものが成立するのです。

しかし、いくら強く主管したとしても、彼をより立派にし、輝かせるために自分が加担して苦労させればさせるほど、それは条件になるというのです。

例えば、父母が愛する子供の生活に朝も夜もすべて干渉し、勉強をしなければ、勉強しなさいとむち打って強制的にさせたとしても、それは父母のためではありません。子供の将来のために父母自身が困難に耐え、犠牲になりながら、そのようなことをするのです。その時は分かりませんが、いつかそれが自分の栄光のためのものとなり、祝福の起源になることが分かるようになります。子供が成功したとき、「ああ、私の両親は独裁者だった」と言うでしょうか。「ああ、本当に私のためによくしてくださった」と言うのです。

それでは悪とは何でしょうか。善と悪はどこで分かれるのですか。行動は同じようでも内容が違うときは天地の差です。むち打つとしても、誰のために打つのかが問題です。彼らのために、彼らの将来と彼らの祝福のために打つときは善になりますが、自分のために、自分の利益のために打つときは悪になるというのです。（八七―一二二、一九七六・五・二三）

㈣　善神の業と悪神の業

私たちが知らなければならないことは、善神と悪神に関することです。それを知らなければ、最後に訪れてくる歴史的な終末時代を察知することができません。この地には、神様のみ旨がある反面、サタンの意志もあるのです。（二四一―一〇〇、一九九二・

一二・二〇）

今霊界でも、善の霊人と悪の霊人が闘争しています。霊界にも闘争があるというのです。善霊は悪霊を善導して、人間が良い所に行けないように妨害する行為をやめさせる闘いを続けています。サタンを中心として悪霊が連結しているのですが、その悪霊の統治圏内に今日、地球の人間が生きているのです。なぜでしょうか。今まで逝った先祖は善霊でも悪霊でもすべて霊界に行っているのですが、その善霊も、堕落した世界において（他とは）区別されたという条件をこの地上で立てたために善のほうに立っているだけなのであって、神様が御覧になる時、完全な善の位置に立っていないというのです。（二三四―九、一九八五・一・一）

悪神と善神の闘争は、何を中心として行われるのでしょうか。愛を中心として行われるのです。人のために、より大きなもののために犠牲になるとき、犠牲になろうとする愛の心をもっていくときには善神が管理するのであり、自分を中心として人を犠牲にさせて自分を愛する人は、反対に悪神が管理するのです。このようにはっきり分かれます。今日、これを区別できていません。このようなことを私たちは区別して、きちんと整理しなければなりません。（五七―二一四、一九七二・五・二一）

悪神の役事も善神の役事も出発は同じです。ただ結果が違うのです。（悪神の役事は恐れ、騒ぎ立て、ひっくり返される、そのようなことが起きるのです。悪神も神霊の役事をしますが、結局は役事してどこに向かっていくのでしょうか。自分の利益として戻ってくるようにするのです。世界の利益や、天地の利益ではなく、自分の利益として戻ってくるのです。

これではいけません。そのようになれば、必ず挫折していきます。自分を中心として個人的な利益や、自分の家庭を中心とする利益として戻ってくるようにしてはいけないというのです。（一六三―一三二、一九八七・五・一）

(五) 罪

罪とは、サタンの讒訴を許諾することです。サタンが人間を讒訴できるのは、人間が正にサタンと血統的な因縁があるからです。（二三―一八八、一九六九・五・一九）

人類の先祖であるアダムとエバは、自分たちを中心とする誤った愛によって堕落しました。自分たち同士の愛を中心として、天使長を介入させて堕落することによって、神様を追放し、本然の真のアダムの人格を追放し、本然の真のエバの人格を追放するという結果をもたらしたのです。このように、神様が許諾していない愛の因縁を結ぶことによって、私たち人間には何が生じたのかというと、原罪というものが生じました。（三五―二二五、一九七〇・一〇・一九）

私たち統一教会では、原罪とは何だと言っていますか。誤って愛したことです。神様の愛と、神様の生命と、神様の血統が連結されなければならないのに、悪魔の愛と、悪魔の生命と、悪魔の血統が連結されてしまったのです。アダムとエバが悪魔の生命

体になり、悪魔の血統を残したので、今まで恨めしい歴史となったのです。（二一一—二一、一九九〇・一二・二八）

誰が責任分担を果たせなかったのでしょうか。アダムとエバが果たせませんでした。その責任を果たせなかったことは、アダムとエバだけのこととして終わるのではなく、アダムとエバが一つの根となり、幹となり、枝となり、葉となる全人類が責任を果たしていない、そのような位置にとどまるようになったのです。責任を果たせなかった人が、責任を果たした位置に立てないのは、この世の中の道理を見ても当然のことです。（八七—一二〇、一九七六・五・二三）

人間始祖が堕落することによって、私たち人間は原罪をもつようになりました。この原罪は、悪魔サタンが動機となって侵入して入ってきたものです。アダムとエバが犯したこの原罪は、数千年間にわたって代を継いで遺伝してきました。私たちが罪の中に陥っているために、救世主が必要な立場にいるのです。この原罪を抜き取ってし

まわなければ、私たちは神様の国に入っていけません。（五三―二五九、一九七二・三・二）

罪には、原罪があり、自犯罪があり、連帯罪があり、先祖から受け継いだ遺伝的罪があります。それを清算していかなければなりません。統一教会に入ってきても、すべてその弟子になっても、各自の蕩減(とうげん)の道は残っています。主の弟子になっても、すべてそのまま同じではありません。ある人は苦労して、ある人は死にそうになりながら歩み、また、ある人はひどく苦労をしながら行かなければなりません。なぜでしょうか。すべて蕩減の道が違うからです。命を捧げてでも行かなければならないというその伝統基準は同じですが、行く道は違うのです。蕩減の量は違うというのです。（二五一―二三二、一九九三・一〇・一七）

㈥　堕落性本性

①神様と同じ立場に立てない

一つになるに当たって最も難しいことは何ですか。堕落性本性です。堕落性本性の第一は何ですか。神様と同じ立場に立てないということです。心は神様と同じ立場に立とうとしますが、何が神様と同じ立場に立てないのかというと、体が神様と同じ立場に立てないのです。ですから、この体は、神様が喜ばれることを感じて共に喜ぶことができません。体の言うとおりにするのではなく、神様の言うとおりに体がしなければなりません。今までこの闘いをしてきたのです。(四七―一五八、一九七一・八・二八)

自分を中心として、自分の主体性の確立を強調するところから堕落が始まりました。天使長も神様の愛を自分にのみ結びつけてみたいと思ったのであり、エバも時ならぬ時に、「ああ、私もそのようにしてみたい」と思いました。神様を思うよりも、全体を思うよりも、自分を中心として考え、そこから滅びるようになったのがエバです。(五九―一九八、一九七二・七・一六)

聖書を見ると、エバが自分を中心にアダムを堕落させました。女性が男性を堕落させたのです。誰を中心としてですか。自分を保護するために、ために生きる存在という原則を放棄し、自分を中心としてすべて行おうと思った立場で堕落しました。それが悪の世界の始まりとなりました。そのような悪の立場で私たちの先祖が、その結果を引き起こしたのです。そのような先祖の子孫として生まれたので、今日の人類は、自分を中心としてすべてのことを考えるようになったのです。（七二―一八、一九七四・五・七）

②自己の位置を離れる

堕落は自分の位置を失ったことです。神様を中心とする本来の位置を失ってしまったのが堕落です。このような事実がはっきりしているので、皆さんは自分の位置を失ってしまってはいけません。（一六―二四〇、一九六六・六・一九）

上下関係と前後関係と左右関係を、貴く扱うことができなければなりません。自分の位置がどこなのかを知って、自分の位置を守らなければならないのです。堕落とは何ですか。自分の位置を守れなかったことです。前後、左右、上下の関係においての偏りをなくさなければなりません。言い換えれば、道理に通じる男性にならなければならないということです。

男性ならその男性が、村でどのように過ごしているかを見れば、すぐにその人が希望的かどうか分かります。偏ることなく、年上の人を理解し、年下の人を指導し、左右の関係をすべて等しくバランスをとるようにしていれば、その男性は希望的だというのです。自分の守るべき位置を守らなければならないということです。（八五―一七四、一九七六・三・三）

神様の代身となるべきアダムが、誰がみ旨に背くように誘惑してきたとしても自分は絶対にみ旨に背かないと決意し、エバを主管し、天使を主管できていれば、堕落しなかったでしょう。先に堕落したエバがいくら自分をうまく言いくるめようとしても、アダムがその誘惑の言葉を聞かなかったなら、アダムは死ななかったのです。もしアダムが堕落していなければ、エバはいくらでも（再）創造できます。（四―三二、一九五八・二・二三）

③主管性を転倒する

本来、アダムは神様の息子であり、天使長は神様の僕（しもべ）です。神様の僕は神様の息子に完全に従順屈服しなければなりません。

ところが、僕である天使長が息子であるアダムに主管されるべきものが逆さまになったのです。天使長がアダムとエバを主管するようになりました。つまり主管性が転倒したのです。（二二―二四七、一九六九・五・四）

アダムが責任を果たせなかったこととは何かというと、主管性を転倒させてしまったことです。サタンが主管性を転倒してエバを主管しました。天使長がエバに対して主管性を転倒したのも、偽りの愛のためであり、エバがアダムに対して主管性を転倒したのも、血統を汚したからです。（三〇二―二四一、一九九九・六・一四）

アダムは男性として主体の立場なので、相対的立場にいるエバがいくら巧みな行動で誘惑してきたとしても、それを主管しなければならない責任がありました。それにもかかわらず、女性の言葉を聞くことによって堕落するようになったのです。このような結果から見るとき、聞かない立場に立つべき主体であるアダムが、相対のエバの言葉を聞いてあげることによって、アダムがエバの怨讐（おんしゅう）の立場に立つようになったのです。（四四―二七八、一九七一・五・二四）

④犯罪行為を繁殖する

エデンにおいて、天使長とエバが一つになり、アダムまで引っ張り出してしまいました。愛の因縁を結べば所有権が決定するので、天のあらゆる存在はすべてサタンのものになってしまったのです。サタン世界に入っていってしまいました。神様が独り残り、アダムとエバをすべて失ってしまいました。（二六三―二七八、一九九四・一〇・一五）

悪神がいるとすれば、その悪神は悪の主人なので、悪を主管し、悪を繁殖させるのであって、善の行いをすることはできません。悪ばかりを行うのがサタンの本質です。
（五三―一七六、一九七二・二・二〇）

善神に対して反対の立場は悪神ですが、その悪神はどのような立場に立っているのでしょうか。絶対的な善である神様の前に反対の立場に立っています。悪と分かつことができないのがサタンです。

サタンはその本性が悪なので、過程も悪であり、結果も悪です。サタン自体を中心としては、善のものと悪のものを選り分けることはできません。それは悪しかありません。反対に、神様は善だけです。もし人間のように悪もあり善もあれば、神様になることも、サタンになることもできません。

神様という方は、悪と妥協できる方ではないのです。最初から最後まで善です。そこには悪を容認できる何ものもありません。そのような方が神様です。その反面、サタンはどのような存在でしょうか。サタンは善のものと関係を結べる存在にはなれません。いつも善とは対峙するのです。善と和合でき、善と相対的因縁をもっていける

立場に立てるのがサタンではありません。常に対立する立場に立つのがサタンです。(五六—二四〇、一九七二・五・一八)

第五節　自由と堕落

㈠　自由の原理的意義

一般の人が言う自由とは何でしょうか。「自分の思いどおりにすることが自由だ」と言うかもしれませんが、研究室にこもって頭に鉢巻きをして研究するのは自由ですか、拘束ですか。それをどのように解釈するのですか。勉強が嫌いなら、勉強するのは自由ですか、拘束ですか。拘束なのに、なぜ勉強しようとするのですか。ですから、自由の概念というものを、どのように定めるかということが問題です。自分の思いどおりにすることが自由ではありません。

すべてのものは、起源が良いものを訪ねていくのです。また自由な所を訪ねていきます。幸福なものを訪ねていきます。それが、自由は自由、幸福は幸福、平和は平和、このようにそれぞれ別々の道を行くのではありません。これが歩調を合わせて行かなければなりません。平和の中に自由がなければならないのであって、自由の中に平和がなければならないのですか。自由の中に平和はあり得ません。平和は、二人がお互いに和合することです。それは、お互いが譲歩するときに可能です。欲心をもった人間が与えたいと思い、譲歩したいと思いますか。ですから、自由の規定を理解しなければならない時が来ました。（一八二―一一一、一九八八・一〇・一六）

原理を離れた自由はありません。統一教会では、既にそのような観点からすべて分析して規定しています。原理を離れた自由はないのです。御飯を食べるべきときに御飯を食べない、それは自由ではありません。空腹です。副作用が起きます。継続すれば自分が破壊されるのです。ですから、原理原則を離れた自由はありません。

また、自由には責任があります。自分が行動することに責任をもった以上、自分の行動を中心として、それを全体が見るときに尊敬できなければなりません。そして、自分が行動することには善の実績が残らなければなりません。

ですから、原理を離れた自由はあり得ず、責任を避けた自由はあり得ません。そして、行動すれば必ず善の実績が備えられなければならないのです。(一八二―一一一、一九八八・一〇・一六)

責任をもたなければなりません。なぜ責任をもたなければならないのですか。あなたたちが子供を生めば、「お前の好きなように育ちなさい」と言えますか。それは連帯的責任です。父母が私たちをこのように育ててくれたので、私もそのように育ててあげなければなりません。そこに自由があるのです。

女性たちが子供を生めば、胸を開いてお乳を飲ませなければなりません。舅と姑の前で嫁が胸を開くこと自体はとんでもないことですが、子供にお乳を飲ませるときはそれが自由です。いくら厳格な法があっても、厳格なすべての環境を克服します。もしお乳を飲ませなければ、舅と姑が「早くお乳を飲ませなさい」と言うのです。そのように、自由の世界には特権的な道が存続するのです。原理的な自由、責任的な自由、そして、そのように行動してみると、それが悪いことではなく善の実績です。子供が大きく育ちます。お乳を飲めば子供が喜びます。それが善の実績なのです。このような正しい道が自由の世界に生じなければなりません。（一八二―一二一、一九八八・一〇・一六）

愛の理想を中心として見るとき、動植物の世界では、その愛の関係がすべて繁殖を前提にして初めてなされます。しかし、人間だけはその例外です。人間は夫婦の愛の関係を自由に享受します。これが万物の霊長たる特権です。神様は息子、娘である人間が無限の愛の喜びをもつように祝福しました。

神様が許諾した真（まこと）の自由は、責任性を前提とします。もし、責任性なしに個々人が愛の自由だけを主張し、実践するなら、どれほど大きな混乱と破局が訪れるでしょうか。至高な愛の理想を求める人間は、愛に対する責任性をもつときに完成が可能なのです。

その責任性は次の三つとして考えられます。第一に、人間が愛の自由を下さった神様に感謝しながら、自己修練、自己管理で自由な真(まこと)の愛の主体者になる責任です。人においで愛の責任性は、法や世間体ゆえに守られるものではなく、神様との生きた縦的関係の中における自己主管、自己決断によって守られるのです。

第二に、相対に対する責任性です。人間は本性的に、相対から来る自分への愛が分けられることを願いません。夫婦間の横的な愛の関係は、父母と子供の間の縦的な愛の関係と異なり、分けられれば、もはやその完全性が破壊されます。これは夫婦間で絶対的な愛の一体を成すようになっている創造原理のためです。人には絶対に自分の相対のために生きるべき愛の責任性があります。

第三に、子女に対する愛の責任性です。子女たちの誇りと幸福の基地は、父母の愛です。子女たちは真の愛で和合一体化した父母を通して生命が生まれ、そのような愛の中で養育されることを願います。父母の子女に対する最も貴い責任は、外的な養育だけではなく、彼らの霊性を完全にしてあげる真の愛の生命的な要素を提供することです。家庭が貴い理由はこのためです。生活圏での経験を通して体得する真の子女の心情、兄弟の心情、夫婦の心情、父母の心情は真の家庭以外、どこにおいても得ることはできません。(二七七―二〇〇、一九九六・四・一六)

自由というものは、それだけで存在するものではなく、必ず統一された基盤の上に自由が存在します。一つの家庭において、父母と兄弟たちが一つになっているときは、母の部屋も自分の部屋も同じです。母の部屋に行っても叱られることはなく、兄の部屋に行っても叱られることはありません。統一されて共鳴圏ができているので、叱られないのです。姉の部屋に入ったからといって、「男性なのに、姉の部屋に入るのか!」とは言いません。互いに愛で共鳴するときには、これが自由です。主体に対象が、対象に主体がいつでも合わせることができる、このような内的な共鳴圏ができているとき、その家庭は自然に統一され、その家庭には自由があるのです。

しかし、父母が一つになっていなければ、「なぜ入ってくるのか」という言葉が出てきます。夫婦が一つになれずに「なぜ入ってくるのか」と言う所には自由がありません。兄弟が和合できなければ、互いに与え合う環境がなくなるので、自由がないのです。ですから、真(まこと)の愛を中心とする共鳴圏から外れては、自由がなく、幸福もありません。(二二六—七八、一九九二・二・二)

(二) 自由と人間の堕落

人間は堕落によって、無限に広がっていく自由の天国を失ってしまいました。四方に因縁を結べる自由の環境を失ってしまったことが、正に堕落がもたらした報いです。言い換えれば、自由の天国を失ってしまい、四方が塞がった拘束の生活圏内に落ちたのが堕落だというのです。(三三—二二〇、一九七〇・八・一六)

聖書に「主の霊のあるところには、自由がある」(コリントⅡ三・一七)とあるように、神様がいらっしゃる所には自由があります。しかし、人間が神様から離れた立場では、いくら自由を叫んでも自由をもつことはできません。堕落したこの世界では、本当の自由はあり得ないのです。(三五—八二、一九七〇・一〇・四)

堕落していなければ、愛の主人、幸福の主人、あるいは理想の主人という中心は誰かというと神様です。ですから、神様を中心として愛し、神様を中心として自由であり、神様を中心として幸福でなければならないというのが、本来人間がもつべき幸福の要件でした。ところが、堕落することによって、神様を中心として立てられるべき本来の愛というものが成立せず、本来の幸福や本来の理想というものが成立しなかったのです。それができないまま堕落して、落ちてしまったのです。（八七―一七四、一九七六・六・二）

神様を中心として生きるべき自由の本心、そこに相対できる素性（そせい）、そのような本性を人間はもっているので、自由の観念は神様と共にもたなければなりません。ところが、それを知らずに人間同士の自由、あるいは愛、幸福を追求しているのが、今日の堕落した圏内にいる人間の姿です。

例えば、愛の関係を中心として見てみるとき、父母の愛、夫婦の愛、子女の愛というものが神様を中心として根を下ろして出発しなければならないのですが、堕落することによって本来の愛の因縁を結べず、本来の形と反対となる立場の愛を中心として人間の家族が出発したということです。

愛の本質は永遠を追求します。永遠を中心として永遠の幸福を追求するようになっているのです。しかし、今日の人間世界は、永遠の基準を見いだすことができません。父母の愛、夫婦の愛、子女の愛というものが永遠の基準に一致していないのです。

ですから、いくら愛を求め、いくら幸福を求めたとしても、それは一時的なものであって、永遠の基準に到達し得ません。したがって、人間は常に愛の道を求め、幸福の道を求めてきましたが、それが本当の永遠の幸福であり、永遠の愛だと主張できるものは、歴史上に一つもなかったというのです。（八七―一七四、一九七六・六・二）

第六節　神が人間始祖の堕落行為を干渉し給わなかった理由

㈠ 創造原理の絶対性と完全無欠性のために

罪はアダムとエバが犯しました。アダムとエバが犯したことは、神様が思いどおりにはできません。サタンは、罪を犯したアダムとエバを捕らえ、思いどおりに神様のみ旨を台無しにできるのです。

宗教を信じる人たちはこのようなことを夢にも思わず、神様は全知全能だから思いどおりにできると思っています。いくら大統領の権限があっても、定められた憲法を遵守しなければなりません。公表したのなら、自分が守らなければなりません。それと同じことです。天地創造の大原則の基準を中心として神様が決めたその法に背き、自分勝手にする神様ではないということです。

ですから、堕落したアダムとエバに干渉できないのです。干渉できる位置は完成の位置です。その位置に立って、初めて神様が治めて干渉するようになっています。堕落したアダムとエバに干渉できないのは、長成期完成級にいたからです。中間段階にいるために、まだ実を結んで種になることができないのです。それを収穫することはできません。神様は完全に結実した、完熟した実を収め、それを拡散させるようになっているのであって、完熟できていないものに干渉することはできないのです。堕落したアダムとエバに干渉できない神様です。完成したアダムとエバを支えてあげるようになっているのであって、未完成の立場にいるアダムとエバを支えてあげることはできません。下りていって干渉すれば、神様が創造理想によって立てた完成圏が破綻するので、干渉できなかったのです。(二五二―二三三、一九九四・一・二)

皆さんの良心は、自分の体が行ったことを神様よりも先に知るのです。これは重要な問題です。なぜ先に知らなければならないのですか。私という存在は、神様の愛を中心として見るとき、主体の前の対象者です。対象者で、個性真理体なので違うというのです。

男性と女性は個性が違います。個性真理体です。ですから、神様がアダムとエバのところに来て尋ねるようになっているのであって、「おい、お前は堕落して隠れているのだな」、このように言うことはできないのです。

第二の個性真理体になっているので、良心を立てておいて先に知るようになっているのに、それを無視して、「おい、アダムとエバよ。お前たちはこのように堕落したのだろう?」、このようになれば、神様の分身になるのです。神様の体、手足になるというのです。ですから、神様もアダムとエバが堕落したのちに、「おい、アダムよ。どこにいるのか?」と尋ねたのです。「おい、堕落して、そのように隠れているのだな!」、そのようには言えません。尋ねてみるようになっています。(二五二─二五五、一九九四・一・二)

(二) 神のみ創造主であらせられるために

「価値」について考えてみるとき、私が価値ある存在だとすれば、私がもっている物も私の相対的価値をもつようになります。これが創造の原則です。主体の前に対象が現れたとき、主体と対象が互いに授け受けして一つになれば、対象も主体と同等の価値圏を賦与されるのです。これが原理の教えです。

いくら小さな物でも、私がそれをつかみ取れば、それは私の対象的価値をもつので、貴い物になるというのです。ですから、有名な人が使っていたすべての物は、その国の貴い骨董品として残るのです。それがいくらぼろぼろになった服だとしても、その国の宝として残るというのです。(四六―二七一、一九七一・八・一七)

神様はどのような方ですか。慈悲の神様であり、愛の神様です。そのために、罪と一緒にいられる神様だと思っている人が多いのです。慈悲深い神様であり、愛の神様でいらっしゃるのですが、罪そのものとは、手を取り合ってやり取りできる神様ではありません。

悪の存在であるサタンも、善とやり取りできる存在にはなれません。根本的に異なるのです。それは必ずぶつかります。互いに和合したり、融合したり、相対的な立場に立ったりすることはできません。常に衝突します。悪というものは、善に対して相応的ではなく、常に相克的なのです。妥協はあり得ません。譲歩もあり得ません。一歩の譲歩もあり得ないのです。それは絶対的です。(五六―二四〇、一九七二・五・一八)

神様は歴史始まって以来、闘いながら、打たれて奪ってくる作戦をしてきました。神様が先に打つことはできません。神様が先に打つことができるという論理を立てれば、審判できるという原則を神様が立てたという論理が起こります。善と悪を分別すべき責任を神様が負っているというとき、善悪の概念が神様自体内にあったという論理が展開されるので、二元論に陥るのです。ですから、神様は打つことができません。

(二四二―一〇八、一九九三・一・二)

神様は誰も打つことができません。愛の理想をもって創造し、愛の理想を実践しようという神様が、審判の鉄棒をもって打つことはできないのです。神様は打つことができません。なぜでしょうか。創造するときに愛の理想をもって創造したので、その理想が実現されなければ打てないのです。もし、打つようなことが起きれば、打つ伝統、打つ習慣が残ってしまい、これを解く道がないのです。(二一三―一一、一九九一・一・一三)

(三) 人間を万物の主管位に立たせるために

もし人間に責任分担がなかったならば、神様はいつでも主管できます。「取って食べてはいけない」と警告することはできますが、人間に責任分担があり、神様が干渉できない立場にいたので、人間が堕落し、サタンが活動するのを防止できなかったというのです。(八七―一二〇、一九七六・五・二三)

なぜ責任分担を与えたのですか。それは人間に無限で高貴な価値を賦与し、神様の創造の偉業に加担させるためです。もし人間に責任分担を与えていなければ、人間は神様の愛を受ける対象の位置に立つことができません。

神様が一〇〇パーセントつくってあげるのではなく、九五パーセントは神様がつくり、五パーセントは人間自身が責任を果たすのです。そうしてこそ、一〇〇パーセントを満たすにおいて、人間がその協力者として同等な立場に立ち得ます。そうなることによって、絶対的な主体である神様の前に、相対的な資格を備えた立場で、堂々と愛を授け受けできるのです。このようになれば、真(まこと)の愛の理想を形成し得るのです。責任分担がなければ、私たちだけで、神様の愛の理想を対等な立場で受けるにふさわしい威信は立てられません。威信を立てられないというのです。それで神様は、人間に神様の愛を受け得る威信を立ててあげるために責任分担を設定されたのです。（一四三―七七、一九八六・三・一六）

神様は、心情と事情と希望を抱いて人間に対され、庇護(ひご)されました。神様は、私たちの心情を一〇〇パーセント御存じであり、事情を一〇〇パーセント御存じであり、希望を一〇〇パーセント御存じでしたが、語ることができませんでした。これが神様の事情です。なぜできなかったのでしょうか。それを話してしまえば、サタンが先に聞いてしまうからです。ある父と子がいて、その父親が未熟な幼子で何も分からない世間知らずの息子に、「何々の宝がここにあり、何々の宝があそこにある」と言いながら、主人に背いた僕(しもべ)や怨讐(おんしゅう)がいる所で相続させてあげれば、彼らがそのまま息子に宝を持たせると思いますか。サタンはそのような立場です。神様がすべて話してしまえば、神様の息子、娘よりもサタンが先に知って、すべて奪ってしまうというのです。(九―二三五、一九六〇・五・二九)

人間は、どのような立場で堕落したのですか。天使を天使らしく愛せなかった立場で堕落しました。ですから、これを復帰しなければなりません。神様はなぜ悪の頭である天使長に六千年間、讒訴を受けてきたのでしょうか。「この愚か者!」と言って打ってしまえばそれで終わりなのに、なぜサタンの讒訴に対して、「そうだ。お前の言うことは正しい」と言いながら受けてこられたのかというのです。それは天使を愛さなければならない原則があるからであり、神様の息子が出てきて天使を愛したという条件を立てなければならないからです。その時までは神様と人間が責任を果たしたと言うことはできないのです。このような基準が残っているために、神様もサタンを愛さなければならないのであり、人間もサタンを愛さなければならないのです。(三四―八二、一九七〇・八・二九)

人類歴史の終末論について

第一節　神の創造目的完成と人間の堕落

聖書に記録された神様の最初の息子、娘であったアダムとエバは、神様の真(まこと)の愛の中で育ち、また結婚の祝福を受けて罪のない子女たちをもつことによって、彼ら自身が真の父母となり、天国に直接入っていくようになっていました。そのようになっていれば、この世界は地上天国となり、神様の真の愛と神様の生命と神様の血統を受け継ぎ、永遠の神様の理想家庭として始まり、国家と世界まで神様が直接主管する血族になっていたでしょう。

ところが、アダムとエバが未完成期に天使長と不倫なる愛の関係を結ぶことによって、天使長はサタンとなり、アダムとエバは悪の先祖となって死亡の世界が始まりました。つまり、この世界はサタンの血族による世界となってしまったのです。

このように、サタンは淫乱の神となりました。ですから、神様は淫乱を最も憎みます。ソドムとゴモラ、ローマ、そして今日のアメリカとヨーロッパも、淫乱によって滅びていく時を迎えました。アダムとエバが青少年期に淫乱の種を植えたので、今日、青少年たちを通して淫乱の実りが刈り取られているのを目撃するとき、私たちは終末になったことが分かるのです。(二〇五―一五七、一九九〇・八・一六)

アダムとエバは、自分たちをして万物を主管するようにされた神様の創造の目的がどこにあるのかを知りませんでした。「生めよ、ふえよ、地に満ちよ、地を従わせよ」と言われたみ言(ことば)を守ったあとに訪れるもの、すなわちみ言の峠を越えたあとに訪れるものを慕う心がなかったというのです。自分たちの命に対する認識と生活感情を失わずに、「取って食べるな」と言われたみ言を守ったあとには何が訪れるのか、それに対する欽慕(きんぼ)の心情が彼らの生活を導いていたならば、アダムとエバは善悪の実を取って食べることはなかったでしょう。

その瞬間に、アダムとエバがもう一度目を覚まして「取って食べるな」と言われた神様のみ言を再認識し、「地を従わせよ」と祝福され、そのあとに自分たちに与えようとされた何かが天使長の誘惑よりも大きいと感じていたならば、堕落していなかったのです。これが人類のあらゆる曲折の根源となりました。（五―二六五、一九五九・二・一五）

第二節　救いの摂理

㈠　救いの摂理はすなわち復帰摂理である

神様は、人間を創造されるとき、御自身の希望の実体として、御自身の心情を代弁する実体として造ったのですが、堕落することによって、神様の希望も理想も心情も、跡形もなく消えてしまい、今日この地上にはサタン世界の希望とサタン世界の心情が残されたことを私たちは知っています。ですから、存在するすべての万物は神様によってつくられたのですが、願わない怨讐（おんしゅう）の懐で存在するようになりました。

神様は、人間を神様の内的心情を代表できる実体として造ったのですが、堕落することによってその存在は、神様にとって心を傷つける存在となり、後悔と怨恨の象徴体になりました。

しかし、神様は、このような怨恨を残した人間をそのまま放っておくことはできません。なぜかというと、神様のみ旨を中心として天地の万物をつくり、原理の法度を通してつくったからです。父の心情が基盤となり、み旨が残っている限り、つくった万物と人間を根本から破壊することはできません。もし万物と人間を破壊してしまえば、神様は、み旨を立てたそれ以上の苦痛を受けなければならず、心情を立てたそれ以上の苦痛を受けなければならない立場に立たなければなりません。ですから、神様は、再び本然のみ旨と心情の前に立て得る万物と人間を求めてこられるのです。（一三―一七四、一九六四・三・一五）

(二) 復帰摂理の目的

神様の救援摂理は、神様のみ旨を成し遂げようとすることであり、御自身の心情に通じる子女を復帰し、幸福の世界、永遠に変わらない栄光の基盤、生命と愛と勝利の基盤の上で、全宇宙万物と共に喜び、共に楽しむ永遠の天国生活を成し遂げることです。このような天国の環境をつくってこそ、神様が願われる創造目的を取り戻したという立場に立てるので、これを目標として復帰歴史をしていかれるのです。(一三一—一七四、一九六四・三・一五)

(三) 人類歴史はすなわち復帰摂理歴史である

歴史始まって以来、今に至るまで、人類歴史が復帰摂理歴史だという事実を知った人はいませんでした。歴史の背後関係を復帰という概念で定義を下したことは、統一教会の歴史に残された偉大な功績です。歴史の根本となるのは神様であり、またその神様が責任をもって今まで歴史を主管し、発展させてこられました。そのために復帰の使命を背負った多くの個人、家庭、氏族、民族、国家があったのであり、それによって歴史は段階的に発展してきたのです。(二二一—一八一、一九六九・二・二)

人類歴史は、人間始祖が堕落により失ってしまった本然の世界を再び取り戻すための蕩減(とうげん)復帰歴史です。ですから、歴史は、神様の創造理想を実現させるという目標を中心として、サタン側と天側が善悪闘争をしてきた歴史なのです。歴史の背後ではいつも、善の側には善霊が協助し、悪の側には悪霊が協助してきました。人間の堕落により始まった分裂の歴史は、家庭、氏族、民族、国家、世界へと範囲を拡大しながら、結果的に人本主義と神本主義の根幹となった無神論と有神論の対決として現れたのです。(二〇〇〇・二・一〇)

第三節　終末

(一)　終末の意義

終末とは、地が燃え、消滅する時をいうのではなく、子女の願いである父母がこの地上に現れる時をいいます。父母から教育され、教育された内容を中心として神様の愛と一致した立場で、善悪の主権が交替する転換期が正に終末です。（一一三―九四、一九八一・五・一）

今、世界は、どのみち大転換を避けられない時に至りました。これを宗教的用語で表現すれば、人類歴史の終末に至ったと言うでしょう。しかし、私が言う終末という言葉は、暗澹(あんたん)と滅亡を意味するものではありません。創造主でいらっしゃる神様の立場で見る終末は、誤った世界、すなわち堕落世界の終息であり、正しい世界、つまり創造本然の世界の新しい出発を意味するのです。ですから、終末はすなわち望みであり、希望なのです。（二七一―八三、一九九五・八・二三）

終末は、この歴史的摂理時代において、最後の審判の時だけなのでしょうか。あるいは、歴史において何度かあったのでしょうか。聖書（創世記六・一三）を見ると、ノアの時も終末であったことが分かります。その前の悪の世界が終結時代を迎えるようすべてを除去してしまい、ノアを中心として善の世界に移される、その瞬間を迎えられるように神様が摂理したのです。その時が終末です。

終末を立てるために神様は、必ず神様を絶対的に信じることのできる一人の代表者を立てます。そして、その言葉を絶対的に信じれば神様のところに永遠に行くのであり、その言葉を信じなければ地獄に行くのです。

終末になれば、必ず主が来なければならず、一人の中心人物がいなければなりません。ノアの時代も終末だったのですが、ノアが中心人物でした。ノアが何をしたのかということ、百二十年間、終末が来たと予告したのです。自分を信じなければ百二十年後に水で審判されると予告しました。

創世記第六章十三節に「彼らは地を暴虐で満たしたから、わたしは彼らを地とともに滅ぼそう」とあります。それでは地は滅びましたか。地が壊れましたか。何か他のものに変わりましたか。不信の人だけを洪水審判してしまったのです。しかし、ノアの言葉を信じてノアに従っていった人、箱舟に入っていった八人の家族だけは生き残りました。

ですから、終末には必ず一人の中心存在がいて、その中心存在の言葉を信じなければ審判を受けるのです。み言(ことば)が審判します。審判するためには、必ずある人を送って中心存在として立て、新しいみ言を告げるのですが、そのみ言に反対していけば死んでしまうのです。したがって、ノアの時から始まり、審判を終えて新しいエデンの理想を立てるための善の出発をしようとしたその時が、正に終末なのです。(六九―一二四、一九七三・一〇・二二)

その次には、いつが終末だったのでしょうか。イエス様が来た時が終末でした。聖書のマラキ書第四章一節を見ると、「その時すべて高ぶる者と、悪を行う者とは、わらのようになる。その来る日は、彼らを焼き尽(つく)して、根も枝も残さない」とあります。すべて燃やして何も残さないというのです。

よく信じる人たちは、「ああ、その聖句はこれから訪れる終末に起きることだ」と考えるでしょう。しかし、そうではありません。なぜ違うのでしょうか。イエス様のみ言を見てみましょう。

マタイによる福音書第十一章十三節を見ると、「すべての預言者と律法とが預言したのは、ヨハネの時までである」とあります。律法と預言者の預言は洗礼ヨハネまでです。旧約聖書はすべて終わったということです。旧約の結実が洗礼ヨハネなのです。その基台の上で新約を出発しなければなりません。

アモス書第三章七節に「まことに主なる神はそのしもべである預言者にその隠れた事を示さないでは、何事をもなされない」とあるように、終末になれば必ず預言者によって知らせてあげなければなりません。ですから、洗礼ヨハネを通して「悔い改めよ、天国は近づいた」（マタイ三・二）と教えてあげ、「わたしは悔改めのために、水でおまえたちにバプテスマを授けている。しかし、わたしのあとから来る人はわたしよりも力のあるかたで、わたしはそのくつをぬがせてあげる値うちもない。このかたは、聖霊と火とによっておまえたちにバプテスマをお授けになるであろう」（マタイ三・一一）と告げたのです。ですから、イエス様の時も終末です。（六九―一二六、一九七三・一〇・一三）

神様のみ旨が成される時が近くなれば近くなるほど、この地上はサタンが主管するので、神様のみ旨に背く現象も勢いよく広がっていくようになります。そうして滅んでいくのです。ノアの時もそれで審判が起き、イエス様の時もそれで霊的に審判が起き、再臨の時もやはりそれで審判が起きるのです。（一三九―二四四、一九九二・一二・六）

(二) 終末の徴候に関する聖句

火の審判とはいったい何でしょうか。聖書のペテロの第二の手紙第三章十二節を見ると、「天は燃えくずれ、天体は焼けうせてしまう」とあります。めらめらと燃えて消えてしまうというのです。イエス様の時にそのようになりましたか。なりませんでした。それでは、イエス様のみ言を一度見てみましょう。ルカによる福音書第十二章四十九節を見ると、「わたしは、火を地上に投じるためにきたのだ。火がすでに燃えていたならと、わたしはどんなに願っていることか」とあります。その火がつきましたか。火を投じたのに火がつかなかったのです。その火とは何ですか。その火は何かというと、言葉を意味するのです。イエス様のみ言を意味するというのです。

それでは、聖書にそのような言葉がどこにあるでしょうか。ヤコブの手紙第三章六節を見ると、「舌は火である」とあります。また、ヨハネによる福音書第十二章四十八節を見ると、「わたしを捨てて、わたしの言葉を受けいれない人には、その人をさばくものがある。わたしの語ったその言葉が、終りの日にその人をさばくであろう」とあります。何が審判するというのですか。火ではありません。最後の日にみ言が審判すると言ったのです。火で燃やすのですか。終わりの日は何かというと、裁判の日です。裁判長が誰かというと、神様です。イエス様は弁護士であり、サタンは検事です。検事が火で焼くのですか。言葉です、言葉！（六九―一二七、一九七三・一〇・二三）

政治に携わる人は、マスコミや新聞を最も恐れるのです。火よりも恐れます。一度たたけばみな消えていくのです。副大統領も飛んでいき、長官も飛んでいき、大統領も飛んでいくというのです。火で何をするのですか。法廷では憲法に従い、該当する法律の条文に従って判決を下すようになっています。

次に、テサロニケ人への第二の手紙第二章八節を見ると、「その時になると、不法の者が現れる。この者を、主イエスは口の息をもって殺し」とあります。つまり、み言で殺すとあるのです。火でするとありますか。口の息とは何ですか。言葉です。

また、見てください。イザヤ書第十一章四節を見ると、「その口のむちをもって国を撃ち、そのくちびるの息をもって悪しき者を殺す」とあります。口のむちとは何ですか。舌です。唇の息とは何ですか。火で焼くのではなく、唇の息です。ヨハネによる福音書第五章二十四節を見ると、「わたしの言葉を聞いて、わたしをつかわされたかたを信じる者は、永遠の命を受け、またさばかれることがなく、死から命に移っているのである」とあります。火で燃やしてしまうのですか。み言です。

なぜみ言を信じなければ審判するのでしょうか。エデンでみ言を信じずに不信の先祖になったので、これを除去し、これ以上の信仰でみ言を信じなければならないからです。これを凌駕(りょうが)できる信仰がなければ、戻っていけません。旧約聖書を信じていた人たちは、イエス様のみ言に対するとき、メシヤとして立ったイエス様のみ言を絶対的に信じなければなりませんでした。絶対的に信じなければならなかったのです。(六九―二二七、一九七三・一〇・二三)

終末とは、神様が悪を終わらせ、新しい神様の時代が出発すべき歴史上の一時です。それは古い悪の歴史と新しい善の歴史とが、交差転換する時です。この定義から考えて、なぜ聖書は天変地異が終末のしるしだと預言するのでしょうか。預言にあることが実際に起こるのでしょうか。聖書では次のように書いてあります。

「しかし、その時に起(おこ)る患難の後、たちまち日は暗くなり、月はその光を放つことをやめ、星は空から落ち、天体は揺り動かされるであろう」（マタイ二四・二九）。これは何を意味し、私たちは何を予期すべきなのでしょうか。

第一に、これらのことは文字どおりに起こることはありません。神様は宇宙の中で何ものをも破壊されたりしません。神様はたびたび、その真理を比喩や象徴で表されます。ですから、これらの聖句も象徴的に成就されるのです。第二に、神様は宇宙を破壊する何らの理由ももっておられません。罪を犯したのは人間であって、宇宙ではありません。人間だけが、本来の神様の創造の理想からそれてしまったのです。なぜ神様が、神様の願いのごとくに創造の目的を達成した動物や、植物や、他の被造物を破壊しなければならないのでしょうか。神様は、それら無実のものを破壊されたりはしません。

ですから聖書は、「世は去り、世はきたる。しかし地は永遠に変らない」（伝道の書一・四）と言っています。しかしヨハネの黙示録によると、「わたしはまた、新しい天と新しい地とを見た。先の天と地とは消え去り、海もなくなってしまった」（黙示録二一・一）とあります。この新しい天と新しい地というのは、神様による歴史の到来、新しい主権の時を意味します。皆さんが新しい家を買えば、家族と家財道具をもって引っ越すでしょう。そして、「私は新しい家をもった」と言い、また、「その家の新しい主人になった」と言うでしょう。それと同じように、神様の子女たちがこの宇宙を支配すれば、それは新しい天と新しい地になるのです。（一九七三・一〇・二八）

第四節　終末と現世

終末はどのような時かというと、夜なのか昼なのか、これが正しいのかあれが正しいのか判断ができない時です。混乱が起き、あれもこれも区別ができない時です。最近は、イエス様を信じる人が勝っているのか、信じない人が勝っているのか判断できません。かえってイエス様を信じない人がより勝っていることもあるのです。

そのようなことを考えてみるとき、皆さんの家庭で、父親が勝っているのか母親が勝っているのか、父母が勝っているのか子女が勝っているのか、社会が勝っているのか教会が勝っているのか、すべてめちゃくちゃになってしまいました。このような時になると、必ず終末が訪れてくるのです。歴史は繰り返すと言います。植えたとおりの結果が現れる時が来れば、終末が来たことを知らなければなりません。（六九―一二三、一九七三・一〇・二三）

古い歴史の終末期である今日、世界的に起きている青少年の淪落（りんらく）現象やフリーセックスの波は、エデンの園において、アダムとエバが未完成時にサタンと堕落することによって貞操を蹂躙（じゅうりん）したことを、そのまま刈り入れる時期であることを自証するものです。（二〇〇一・五・八）

ローマがなぜ滅びたのか知っていますか。淫乱のためです。これが理想を破壊した本源であり、生命を破壊した本源であり、血統を蹂躙した本源です。

悪魔とは神様の愛を中心とする姦夫（かんぷ）です。これはレバレンド・ムーンが発表した歴史的宣言です。堕落した子孫である皆さんの血統には悪魔の血統が連結しています。

悪魔の生命と悪魔の愛の起源をもっているのが堕落した人類です。（一九七一―二六三、一九九〇・一・一九）

子女が父母を殺したといううわさや、父母が子女を殺したといううわさが聞こえてきます。甚だしきに至っては、どのようなうわさまで聞こえてくるでしょうか。子供が母と暮らすといううわさまで聞こえてくるのです。これは最後の時だというのです。今、そのような時が来ました。

今がそのような時なので、性の問題が秩序を失ってしまい、修羅場が展開しているのです。そのような時になれば壊れていきます。父と母の関係が壊れ、親子の関係が壊れ、兄弟の関係が壊れていくのです。何がそれを壊すのかというと、性の問題、愛の問題が壊してしまうのです。愛の問題が世の中を滅ぼしてしまう終末が訪れるのですが、その時です。（三九―二二三、一九七一・一・一〇）

淫行によって堕落したので、終わりの日にはそのとおりになります。青少年がすべて堕落してしまうのです。先祖がそのように種を蒔いたので、収穫期には、そのように青少年が世界をカバーし、世界を滅亡させるのです。それが今日です。それを否定できません。誰がフリーセックスを主張しましたか。アダムとエバです。堕落したので、フリーセックスの先祖はアダムとエバです。

そのように種を蒔いたので、秋になって収穫の時期になれば、そのようなものが世界を覆い、世界を滅亡圏に引っ張っていき、地獄に連結していくのです。今の世界がそのようになっています。青少年たちは、それを知らずに、普通の人間として刺激的な満足であるかのように考えているのですが、そうではありません。サタンの理想を拡張し、天国の理想世界を根本的に破壊することなのです。(二五七―六〇、一九九四・三・一三)

家庭から世界的な平和が成されていくので、終末になって神様が求めていくのが家庭です。家庭を収拾しようとされます。これを知っているサタンは、家庭を破壊するためにフリーセックスや同性愛といったものを広めるのです。ですから、これを理解して、これに対処できる歴史的な理念体制を整えて価値観を設定しなければ、個人も、家庭も、氏族、民族、国家、すべて行く道を見いだせなくなります。(二六一―一九八、一九九四・六・一九)

第五節　終末と新しいみ言と我々の姿勢

(一)　終末と新しい真理

天と地が相応し、上下、高低、前後、左右を問わず、立体的な世界にとどまるいかなる存在とも相応し得る原動力と内容が備わった世界観と人生観と生活観をもち得る主義だけが、人類世界の終末に残り得る絶対的な真理です。(一七―一二〇、一九六六・一二・一二)

今日の現実を見つめてみると、形而上学的な真理の分野を代表する宗教があり、形而下学的な真理を代表する自然科学があるのですが、これらはすべてどこに向かっていくようになるのでしょうか。アダムとエバが堕落することによってみ言（ことば）を失ってしまい、み言を失ってしまうことによって実体を失ってしまい、実体を失ってしまうことによって理念を失ってしまったので、これを終わりの日において、ある一人を中心として復帰しなければなりません。ですから、科学文明の先端に立った一つの存在が、形而上学的なすべての理念を代表した実体として、今日の人類歴史の終末時代に現れなければならないのです。（三―二六一、一九五八・一・一二）

祈祷と真理、神霊と真理で礼拝せよという言葉があります。それは何かというと、調和して一つになる場に入りなさいというのです。私たち人間は、霊界と肉界を調整しなければなりません。霊的世界の中央に立つべきです。真理の世界の中央に立って、調整し得る人間にならなければなりません。そのような人間にならなくては、完全な立場に立つことはできないのです。

そうするには、霊的世界がどのように動いており、真理とどのように関係を結ぶのかを知った上で霊界と関係を結ぶ生活をしなければなりません。神霊と真理が必ず一つにならなければならないのです。この調和が取れていなければなりません。なぜかというと、私たち人間自体がそのようになっているからです。（七六―一三七、一九七五・二・二）

私たちはどこで幸福を感じるのでしょうか。真理面で感じる幸福は一方向的です。それはなぜ一方向的なのでしょうか。霊と肉、神霊と真理について考えてみると、どちらが主体ですか。神霊が主体であり真理は相対です。相対的だということは一方向的だということです。真理を通して感じるものは変わります。しかし、神霊は変わりません。中心的であり、四方性を備えているので、変わらないのです。

それでは、どちらの面を通して感じる幸福が貴いのでしょうか。真理を通して感じるものは一方向的なので変わります。長く続かないということです。しかし、神霊を通して感じるものは中心的なので長く続きます。中心が二つになることはあり得ません。真理は神霊に対して相対的立場であり、神霊は主体的立場です。主体とは中心の位置を意味するので、中心が二つあることはあり得ず、一つだというのです。中心というのは四方と向き合える立場なので、その主体的中心的立場の神霊を通した喜びというものは永遠と連結されるのです。したがって、霊的な体験を通して感じたその喜びは、一生の間忘れることがありません。これは理論的に当然の結論です。（七六―一三七、一九七五・二・二）

霊界と地上世界は、互いに断絶された別箇の世界ではありません。一つの根本の存在原理のもとで相互交流し、授受する相関関係の中にあります。私たちの協会（教会）も、もともと神霊を通して統一する神霊協会として出発しました。

神霊とは何ですか。一時的に配分された霊力や霊的な作用を意味するものではありません。真（まこと）の愛を中心として霊界と人間世界が調和、共鳴を起こし得る神様の愛の力をいうのです。ために生きて投入する真の愛の生活を通して人の心に感動を与えることはもちろん、霊的世界の協力も得る運動が統一教会の運動です。（二六〇―一三五、

（一九九四・五・一）

(二) 終末に際して我々がとるべき態度

終末は驕慢（きょうまん）な人が増え、自己中心な世界観をもった人が増える時です。真なるものが現れる前に、偽りのものが現れます。堕落した世の中では、まず偽りが真理型で現れるのが歴史的な実相でした。また、宇宙的な統一の理念を中心とする真の真理が現れる前に、世の中を混沌（こんとん）とさせる様々な形態の偽りの真理がたくさん現れるでしょう。そして、統一的な生命の運動が起きる前に、様々な形態の偽りの生命運動が起き、真の愛の運動が起きる前に、偽りの愛の運動が起きるでしょう。

歴史上に現れた哲学の流れを調べてみると、理性哲学が現れたのちに生活哲学が現れました。これからは愛の哲学まで出てこなければなりません。それでは、愛の哲学の基準とは何でしょうか。人間ですか、真理ですか。人間は、これからこのような問題をもって苦心するようになるでしょう。

しかし私たちは、このような哲学が分からなくても、本心と生心に導かれて他人の事情を推し量れるならば、どのような人でも、その人を愛することができ、その人の心に合わせて与え得る余裕をもてるのです。したがって、皆さんは、悪なる人でも善なる人でも、他人の事情を理解し得る人にならなければなりません。(二一―一三七、一九五七・三・一七)

神霊的なタイプと真理的なタイプ、この二つのタイプの人がいるので、自分がどちらのタイプの人なのかを知らなければなりません。知識を中心として真理を探究する人は、実践問題に入っていったときに、どのようにしなければなりませんか。これを必ず補強しなければなりません。補強するためには、必ず祈祷生活を始めなければならないのです。また、祈祷ばかりして神霊面にのみ重点をおく人は、どのようにしなければなりませんか。必ず真理について研究しなければなりません。このように両面が補強されなければなりません。

それでは、知恵深い人とはどのような人でしょうか。これを私自身が一人で調整するのは難しいので、友人をうまく選びなさいというのです。私が神霊的であれば真理的な人と一つになるということです。そして、「私の心はこうだが、あなたの心はどうか」と話すのです。タイプが違います。一人は内向的で一人は外向的なこの二人が、互いに相談し、互いに協助して完全に一つになれれば、信仰世界において互いに飛躍的な発展をするのです。（七六―一三七、一九七五・二・二）

神霊的な面に自分の素性(そせい)が合う人たちは、ひたすら霊的なものに対して気になります。先生のような人は、もともと生まれつきそのような人です。神様について話をすればとても気になります。御飯を食べずに二十四時間聞いても、聞けば聞くほど楽しくなるのです。そうだとすれば、その一方向だけではなく、真理で補強しなければなりません。このように両面を心得ていかなければならないのです。自分の素性、自分がどちらの面の人なのか各自が分かるでしょう。

ですから、反対の面を啓発するために努力しなければなりません。あるいは真理を探究し、あるいは神霊面で体恤(たいじゅつ)するのです。ここには必ず何が必要かというと、祈祷と真理の探究が必要です。神霊的な人は既に霊的に感じたものを真理で消化し得る基盤を築かなければならず、真理的な人、知性的な人は、その知性的な面に霊的な、神霊的な面を補強できる体恤(たいじゅつ)的な基盤を築かなければなりません。そうすれば、それは必ず自分が離れることのない永遠の土台として発展できる基礎になるのです。

自分一人では大変なので、必ず自分と相対的な素性(そせい)をもつ人を友人とするか、師とするかして指導を受け、協助を受けていくことが、最も正しい道であることを皆さんは知らなければなりません。

もし皆さんが何かを感じて「あ！　私も今、分かった」と思ったときは、そこで終わってはいけません。実践するのです。自分がやってみなければなりません。ですから、学校でもそうではないですか。実験をしてみるのです。専門家とは、どんな人が専門家なのですか。同じことをたくさんやってみた人です。専門家がほかにいるのではありません。技術者とは、どのような人が技術者ですか。同じことをたくさんやってみた人です。ですから、多くの実験をしてみなければなりません。（七六―一三九、一九七五・二・二）

メシヤの降臨とその再臨の目的について

第一節　十字架による救いの摂理

㈠　メシヤとして降臨されたイエスの目的

エデンの園は、永遠であられる神様が栄光を享受され、すべての被造万物が神様に歓喜の敬拝を捧げ、喜びで暮らす園です。このような園を造ることが神様の創造目的でした。また、人間は神様が願われる希望の栄光を地上に現さなければなりませんでした。このように、神様の栄光を実体で現さなければならないのが私たちの先祖アダムとエバの責任だったのですが、彼らは堕落することによってそのみ旨を成し遂げられませんでした。

神様が創造理想を成し遂げて喜ぼうとされたその本然の園は、人間の堕落によって成し遂げられなかったのです。それで今まで全人類は、復活の栄光を希望としながら暗闇の勢力と対決し、闘いの道を歩んできているのです。これが六千年歴史の路程でした。

神様は今まで、歴史を経ながら全体的な復活の栄光と全体的な復活の偉業を成し遂げ、この地上の億兆蒼生(そうせい)と霊界の千万の天使天軍、そして被造万物までも神様の栄光を賛美し、感謝の敬拝を捧げることのできる一日を迎えようとされました。その一日を迎えるために、神様は大勢の預言者たちをこの地上に送られ、四千年の歴史が経過したのちに、神様御自身の内的心情と外的実体を備え、栄光の実体として送ってくださった方が、正にひとり子イエス・キリストだったのです。(一―七六、一九五六・五・二七)

神様は全力を尽くしてアダムとエバを造り、彼らを通して喜びを感じようとされたのですが、彼らが堕落することによって、神様の心の中に悲しみが宿るようになりました。この悲しみを解いてさしあげるために来られた方がイエス様でした。それでは、イエス様がこの地上に来られて何をしようとされたのでしょうか。堕落していない本然の人間のように、堕落性を脱いで怨讐サタンの讒訴を受けない人として、神様の前に堂々と現れ得る真の人を探し立てようとされたのです。（二一―三八、一九五七・二・一七）

㈡　十字架の贖罪により救いの摂理は完成されただろうか

イエス様が来られた目的は、ユダヤ教を収拾し、イスラエル民族を収拾し、世界的なカナン福地を建設すること、神様のみ旨を成し遂げることでしたが、願っていた希望の基台がすべて崩れると、イエス様はしかたなく十字架による霊的救援の基台を立てていかれました。これは喜ばしいことではなく、憤懣やる方ないことです。

ですからイエス様は、「わたしは、火を地上に投じるためにきたのだ。火がすでに燃えていたならと、わたしはどんなに願っていることか」（ルカ一二・四九）と語られたのです。この一節さえ解き明かすことができれば、新旧約のすべての問題が解けます。続けてイエス様は、「しかし、わたしには受けねばならないバプテスマがある。

そして、それを受けてしまうまでは、わたしはどんなにか苦しい思いをすることであろう」(ルカ一二・五〇)と語られました。この聖書の一節を内的にも外的にも完全に解き明かせる人は、天地を手中に収められる人です。聖書の骨子の中の骨子が、正にこの聖句です。(一三―一八二、一九六四・三・一五)

今日の人々は、イエス・キリストの死を祝福し、十字架に贖罪の権限があることを信じていますが、それがすべてではありません。イエス・キリストが生前に語られたみ言に贖罪の権限があったことを、今日のキリスト教徒たちは忘却しています。もちろんキリストの十字架を信じることによって霊的な贖罪が可能なのですが、私たちが知らなければならないことは、イエス様が生前に語られたみ言を信じ、み言どおりに実践していれば、霊肉共の贖罪と救いが成就していたということです。(一一―三二、一九五六・五・一六)

十字架によって救いを受けるのではありません。復活することによって救いを受けるのです。統一教会の救いもここにあります。十字架というものは、苦難の結実として恨(ハン)を清算するためのものです。復活は、十字架を離れて勝利し、再び生まれたということなので永生に当たります。ですから、復活の道理を信じてそれを求めていかなければなりません。(二四―二三三、一九六四・一二・二七)

(三) イエスの十字架の死

私が受けた啓示の中で、最も重要なものの一つは、イエス・キリストが死ぬために来られたのではないということです。彼は地球上に天国をつくりなさいという神様から受けた救世主の責任を完遂するためにこの地に来られました。ところが、イエス様が十字架に打ちつけられて亡くなることによって、自らを不信のこの世界の祭物として捧げたのであり、また復活されることによって、霊的な救いだけを成し遂げたのです。(九一―一〇一、一九七七・二・三)

四千年の基盤の上に送ったメシヤが十字架で亡くなったのは、神様の予定の中で亡くなったのではありません。サタンに引っ張られて十字架で亡くなったのです。十字架は、すべて失ってしまった立場だということを知らなければなりません。国を失ってしまい、教会も失ってしまい、洗礼ヨハネも失ってしまった立場です。そこには十二使徒もすべて背信した立場であり、右側の強盗までも死んでいった立場です。一人もイエス様の側になった人や、天の側になった人がいない、すべてを失ってしまった立場だったのです。（七三—二二〇、一九七四・九・一八）

その当時のイスラエル民族は、どのようにしなければならなかったのでしょうか。神様の息子であるイエス様を中心として、死のうと生きようと彼と一致して、神様の願われる世界を成し遂げることに全体が一つになって協助しなければなりませんでした。それが選民を選ばれた神様の本来の目的でした。それにもかかわらず、イスラエル民族はイエス様と一つになれずに分裂してしまい、四千年歴史路程の最後の決戦でサタンに敗れることによって、イエス様は十字架を背負わざるを得なくなってしまっ

たのです。(二五―二四〇、一九六五・一〇・一七)

(四) 十字架の贖罪(しょくざい)による救いの限界とイエス再臨の目的

イエス様の時は、イエス様が十字架にかけられたために、肉身をもった真(まこと)の父母は実現されませんでした。すなわち、イエス様の誕生によって神様の血統は打ち立てられたのですが、霊肉共の真の父母の顕現は実現されなかったのです。キリスト教の歴史は、霊的救いのみ成してきたのであり、肉的救い、すなわち肉身の贖(あがな)いは実現されなかったのです。つまり今日まで、キリスト教には霊的な真の父と霊的な真の母しかいなかったということです。(五五―一一七、一九七二・四・一)

本来キリスト教の教理は、十字架の教理ではなく復活の教理です。イエス様が復活することによって救いが成立したのであって、死によって救いが成立したのではありません。ですから、キリスト教は復活の宗教です。だからといって十字架の救いを否定しているのではありません。亡くなってから三日後に復活されたイエス様のその復活の権能によって、私たちが救いを受けるのです。復活後の四十日期間の基盤の上に、新しい第二イスラエル、つまりユダヤ教に代わる新しいキリスト教が出発したのです。
（一三―一八五、一九六四・三・一五）

万民の救世主であり、万王の王であり、万主の主であり、万人類の先祖として来られたイエス様を死の場に一人で送り出すのではなく、弟子たちも一緒に死ななければなりませんでした。そうしていれば、イエス様の復活とともに弟子たちも復活していたでしょう。もし使徒たちが復活していれば、キリスト教は血を流す宗教にはなっていなかったのです。それができないことによって、イエス様は霊的救援だけを成しました。イエス様の本来の使命は、霊肉共に救援することでしたが、これを完結できなかったために再び来なければなりません。（一五―三三三、一九六五・一二・七）

神様が四千年間苦労されたのは、エデンの園で失ってしまったみ言（ことば）を代わりに立てるためであり、み言の実体である第二のアダムであるイエス様を立てるためでした。そして、み言と実体を備えたのちに神様の永遠の愛を中心として、人間と愛の因縁を結ぼうとされたのです。ところが、永遠の真の愛の因縁を中心として神様とイエス様は一つになれましたが、人間は、神様と永遠の愛の因縁を結べませんでした。

神様の愛は必ずみ言を中心として現れます。神様のみ言であり、神様の実体であるイエス様は現れましたが、み言だけが残り、実体のイエス様は逝ってしまいました。それで、み言だけを中心として生きなければならない、悲しい世界に私たちは生きるようになったのです。

ですから、み言を通して人間が最後に願うこととは何でしょうか。再びイエス様を迎えることです。み言だけを所有していてはいけません。実体を迎えなければならないのです。（三一―三二三、一九五八・二・二）

㈤　十字架に対する預言の両面

聖書は両面の預言がなされています。なぜかというと、堕落した人間は行ったり来たりするからです。神様と一つになっていた人が背を向けてサタンと組んで神様を滅ぼし、サタンと組んでいた人が神様のところに帰ってサタンを滅ぼすというのです。

旧約聖書のイザヤ書第九章、第十一章、第六十章、この三章を見ると、救世主が栄光の主として堂々と来るとありますが、イザヤ書第五十三章では苦難を受けると預言されています。しかし、イスラエル民族がイエス様を信じて迎えることができずにイザヤ書第五十三章のようになったので、信じることによって成されるべきことが成されず、それが延長して再臨の時に来て成就するようになったのです。

新約聖書も、旧約聖書と同じように、メシヤが来ることに対する預言は、蕩減(とうげん)復帰の原則によって両面でなされています。ヨハネの黙示録第一章七節を見ると、再臨するメシヤについて、「見よ、彼は、雲に乗ってこられる」といっています。しかし、テサロニケ人への第一の手紙第五章二節を見れば、「主の日は盗人が夜くるように来る」と預言されています。雲に乗ってくるのに、盗人のように来ることができますか。今日のキリスト教徒たちは、雲に乗ってくるということは信じ、盗人のように来るということは信じていません。ですから、私たちは知恵深い人にならなければなりません。

（二〇〇二・五・二二）

㈥　十字架の死が必然的なもののように記録されている聖句

十字架の死は神の子の本来の使命ではなく、予定された路程が変更されたものでした。それは二次的な使命だったのです。それは変貌（へんぼう）山上で決定されました。このことに関する記述がルカによる福音書第九章三十節と三十一節に見られます。「するとふたりの人がイエスと語り合っていた。それはモーセとエリヤであったが、栄光の中に現れて、イエスがエルサレムで遂げようとする最後のことについて話していたのである」。

イエス様の第一弟子のペテロが、イエス様から彼がエルサレムで苦しみを受け、十字架につけられるであろうということを知らされた時、ペテロは、マタイによる福音書第十六章二十二節に見られるように、激しく反対しました。「主よ、とんでもないことです。そんなことがあるはずはございません」。するとイエス様は彼に強く迫ってこう言われたのです。「サタンよ、引きさがれ。わたしの邪魔をする者だ。あなたは神のことを思わないで、人のことを思っている」（マタイ一六・二三）。

クリスチャンは、イエス様が十字架上で死ぬために来られた証拠として、この出来事をよく引用します。多くの人がこのように言います。「イエス様の言われたことを聞きなさい。彼は死ぬために来られたと言われた。だから、彼はペテロをとがめ、彼をサタンと呼んだのだ。なぜなら、ペテロはイエス様が十字架につくことに反対したからだ」。

しかし、現在、その解釈は一つの核心的な点を見落としています。イエス様は、神様がその御計画を変更され、イエス様の使命を変えられたことを知ったのちに、ペテロをとがめたのです。イスラエルがイエス様を拒んだので、神様は、地上天国実現というイエス様の本来の使命を果たすには民の協力が必要である以上、もはやイエス様がそれを続けられないことを知っていらっしゃったのです。

それで、イエス様の伝道の終わりの時点になって神様は、彼に霊的救いという限られた目標のみを達成するように願いました。したがってイエス様は、この二次的目標達成のための準備をしていました。しかし、哀れなペテロは、イエス様の使命がこのように変更されたことについて何も知らなかったのです。

イエス様は、ペテロの慰めと聞こえる言葉が、その時には既に神様のみ意と何の関係もなく、むしろ妨げとなったので、彼を「サタン」と呼んだのです。ペテロは無知蒙昧から語ったのです。しかし、イエス様は、この二次的使命を失敗することは決してできませんでした。なぜなら、もし失敗すれば、彼が来たことが全く無に帰してしまうからでした。(七三―二一八、一九七四・九・一八)

第二節　エリヤの再臨と洗礼ヨハネ

(一)　エリヤの再臨を中心とするユダヤ人たちの心的動向

四千年間もよく信じてきたイスラエル民族とユダヤ教徒たちが、どうしてイエス様をメシヤとして侍らなかったのでしょうか。これを調べてみましょう。

イエス様は新時代の主人として来ました。一段階高い時代の主人として来たのです。そうだとすれば、昔のものをもって語ってよいでしょうか。旧約のみ言を語ってよいでしょうか。イエス様が、「ああ、旧約聖書いわく、あなたたちがどうでこうで……」、このようにしていて神様のみ旨が成就しますか。旧約のみ旨は成就しますが、新約のみ旨は成就しないのです。

イエス様が「モーセの律法と預言書と詩篇とに、わたしについて書いてあることは、必ずことごとく成就する」（ルカ二四・四四）、このように言ったのですが、それを誰が信じますか。「アブラハムの生れる前からわたしは、いるのである」（ヨハネ八・五八）と言うのですが、その話を信じますか。その時代のイエス様は、気が狂った人のようになってしまったというのです。ここにいる信仰の篤い牧師たちが、その当時のパリサイ人のような立場にいたら、イエス様を信じることができたでしょうか。

その時のイスラエル民族とユダヤ教の信徒たちは、メシヤがどのように来ると思っていたかというと、雲に乗ってくると思っていました。今も同じです。今の時代の人々も同じです。聖書のダニエル書第七章十三節を見ると、「人のような者が、天の雲に乗ってきて……」とあります。その時も雲に乗ってくると思っていたのです。雲に乗ってくると思っていたのに、雲に乗ってこなかったということです。

その時代においても、主は肉身をもって来られるのではないと、反対しました。聖書がそのようになっています。

それだけでなく、聖書のマラキ書第四章五節から六節を見ると、「見よ、主の大いなる恐るべき日が来る前に、わたしは預言者エリヤをあなたがたにつかわす。彼は父の心をその子供たちに向けさせ、子供たちの心をその父に向けさせる」とあります。まずエリヤが来ると言ったのです。

エリヤはイエス様が来る約九百年前に火の車に乗って昇天した預言者です。エリヤが来ましたか。旧約聖書を信じるユダヤ教徒たちは、天に昇っていったエリヤがまだ来ていないので、肉身をもって来たイエス様を、今もメシヤではないと言っています。このような扱いをしているのです。今でも異端扱いです。

ユダヤ教徒とイスラエル人は「エリヤが来ていない」と言うのですが、イエス様は「エリヤは来た」と言うのです。それを誰が信じるでしょうか。「おい、こいつ。雲に乗っていったエリヤがまだ来ていないのに、お前がメシヤなのか。誰がエリヤなのか。お前がメシヤになるために詐欺を働いているのではないか」、このように言いました。

ヨハネによる福音書第一章二十一節を見てください。どのようになっていますか。エルサレムにいるパリサイ人と律法学者が人を送って洗礼ヨハネに尋ねたとき、どのようになりましたか。「彼らは問うた、『それでは、どなたなのですか、あなたはエリヤですか』。彼は『いや、そうではない』と言った。『では、あの預言者ですか』。彼は『いいえ』と答えた」、洗礼ヨハネは否定してしまったのです。イエス様はエリヤだと言うのですが、本人に聞いてみると、違うと言うのです。（六九―一三一、一九七二・一〇・二三）

㈡　ユダヤ民族の行く道

マタイによる福音書第十七章十節以下を見てください。イエス様の弟子たちが伝道に出掛けたとき、律法学者とパリサイ人たちがエリヤについて尋ねたのですが、弟子たちは無学なので分からないのです。そして、弟子たちがイエス様のところに来て尋ねました。「いったい、律法学者たちは、なぜ、エリヤが先に来るはずだと言っているのですか」。その時、イエス様は、「確かに、エリヤがきて、万事を元どおりに改めるであろう。しかし、あなたがたに言っておく。エリヤはすでにきたのだ。しかし人々は彼を認めず、自分かってに彼をあしらった。人の子もまた、そのように彼らから苦しみを受けることになろう」と言いました。その時に弟子たちは、洗礼ヨハネがエリヤだということを悟ったのです（マタイ一七・一〇～一三）。

その次に、マタイによる福音書第十一章十四節を見てください。「もしあなたがたが受けいれることを望めば、この人こそは、きたるべきエリヤなのである」。洗礼ヨハネだとイエス様ははっきりと言ったというのです。これはレバレンド・ムーンの言葉ではありません。聖書の言葉です。

さあ、イエス様は、洗礼ヨハネがエリヤだと言いましたが、洗礼ヨハネは「自分はエリヤではない」と言ったので、その時代の人たちは誰の言葉を信じるでしょうか。イエス様の言葉を信じるでしょうか、洗礼ヨハネの言葉を信じるでしょうか。洗礼ヨハネの言葉を信じるようになっていたのです。その時の洗礼ヨハネは、預言者として評判になっていました。

それでは、洗礼ヨハネはどのような人でしょうか。彼は間違いなくエリヤです。ルカによる福音書にもエリヤの霊と力をもってやって来たとあるのです（ルカ一・一七）。天から来ると思っていたのに肉身をもって来られたイエス様は（洗礼ヨハネを）間違いなくエリヤだと言いました。神様はこのように摂理したというのです。（六九―一三一、一九七三・一〇・二三）

ヨハネによる福音書第一章十九節以下を見ると、人々が洗礼ヨハネに、「あなたは来られる主ですか、そうでなければエリヤですか、あるいは預言者の中の一人ですか」と尋ねました。ところが、すべて違うと否定してしまいました。

なぜそのように言ったのでしょうか。それは、イエス様の話の正否を確かめるためにやって来て尋ねたからです。その時、その時代において、イエス様は間違いなくコーナーに追い込まれ、行く道のない悲惨な立場にいることを知っていたので、洗礼ヨハネはそれを人間的な立場で考え、同じような境遇になることを避けるためにそのように答えたと考えざるを得ないのです。その時のユダヤ教徒たちは、洗礼ヨハネを預言者と考え、イエス様は何でもない者と考えていました。ですから、洗礼ヨハネの言葉を信じるでしょうか、イエス様の言葉を信じるでしょうか。それは間違いなく洗礼ヨハネの言葉を信じるようになっていました。この事件が歴史的な事件であることを否定できません。（七三―二一〇、一九七四・九・一八）

㈢ 洗礼ヨハネの不信

神様は、この地上に洗礼ヨハネを立て、天のみ旨を成就できる新しい道を築くようにしました。メシヤを迎え得る基盤を築くようにするために、あらかじめ洗礼ヨハネを送ったのですが、その洗礼ヨハネがイエス様を不信したのです。そのために、イスラエル民族を選民として祝福され、四千年間導いてきたその歴史を代表し、時代的な責任を担当して現れようとする民と、選ばれた者の行く所がなくなってしまいました。（五一一九五、一九五九・一・二五）

洗礼ヨハネは、歴史時代の四千年の人類史を終結できる摂理の前に、祭司長の責任を代表する立場に立っていたことが分かりませんでした。洗礼ヨハネ自身が三十有余年の生涯を通してあらゆる困難な生活をしながら、修道の生活をしてきましたが、その深い心情の中で、自分がそのような立場に立っていることを、自覚して生きることが難しかったのです。ヨルダン川でイエス様に洗礼を施してあげたあと、その事件をその一日の特別な事件として感じたかもしれませんが、歴史がひっくり返る重大な時点であったことを、洗礼ヨハネ自身がよく分からなかったというのです。（五二一二八、

一九七一・一二・一）

洗礼ヨハネも、イエス様が自分の弟だということを分かっていました。それでそのように非法的に生まれ、マリヤのおなかを通して生まれた息子がメシヤになることはできないと考えたのです。ヨルダン川で神様が「これはわたしの愛する子、わたしの心にかなう者である」と伝えましたが、信じられませんでした。自分の弟です。弟を兄のように侍る(はべ)ことができなかったのです。（二五一―二〇六、一九九三・一〇・一七）

洗礼ヨハネが一番弟子になり、洗礼ヨハネの弟子がイエス様の十二弟子になり、七十門徒になるべきだったのですが、洗礼ヨハネが不信してすべて台無しにしてしまったのです。そして、その時代の最も悲惨な漁夫、不信される卑しい立場に立ったペテロやヨハネが使徒になりました。漁夫たちが使徒になったのです。四千年間、神様が精誠を尽くして準備した土台が、漁夫たちを使徒にするためのものだったのかというのです。（六七―三〇八、一九七三・七・二二）

イエス様のために生まれた洗礼ヨハネだったので、彼が悔い改めさせた民たちをしてイエス様を信じさせ、救われるように導く責任を果たすべきでした。しかし、不幸にも、ザカリヤも、エリサベツも、洗礼ヨハネも、イエス様を神様の息子として証しただけであって、侍った実績は一つもありませんでした。尊敬される祭司長であるザカリヤが傍観し、洗礼ヨハネがイエス様と無関係な立場に立つようになったので、かえってイエス様の行く道をより難しくしたのであり、民たちがイエス様についていけないようにしてしまったのです。(二八二―二二〇、一九九七・三・一三)

㈣ 洗礼ヨハネがエリヤになった理由

ヤコブの家庭で十二人の兄弟が一つになりませんでした。レアとラケルが闘ったのです。レアが欲心をもって自分の召使に生ませた四人の兄弟を合わせて、十人の兄弟が北朝イスラエルになり、ラケルのヨセフとベニヤミンの支派を中心として南朝ユダになりました。家庭的に一つにならなかったので、これが民族的に分かれていくのです。

それでイエス様の時代になってエリヤを送り、これを一つにしなければなりません。本来は、エリヤを中心として、氏族時代で一つにしようとしたのです。バアル神とアシラ神に仕える八百五十人の預言者を火で燃やし、生きている神様を中心としてすべて糾合しようとしたのですが、自分たちの預言者と神々を殺された人たちがエリヤを捕らえて殺そうとしました。するとエリヤは逃げ出して、「ただわたしだけ残りましたが、彼らはわたしの命を取ろうとしています」(列王紀上一九・一四)と神様に言ったとき、神様が「わたしはイスラエルのうちに七千人を残すであろう。皆バアルにひざをかがめず、それに口づけしない者である」(列王紀上一九・一八)と言われました。

神様の立場では、カインとアベルが一つにならなければならないのです。これが氏族的に成し遂げられなかったので、イエス様の時代、すなわち国家時代において、エリヤの代身者として召命されたのが洗礼ヨハネなのです。(二五二―一三二、一九九三・一一・一四)

洗礼ヨハネの分派を中心として、イエス様と一つになっていれば、七十人門徒、百二十人門徒は問題ありません。七千人いれば、家庭編成や氏族編成は問題ないというのです。その当時、洗礼ヨハネは、いなごと野蜜を食べながら修道生活を行う預言者として知られていて、メシヤではないかとうわさされるほどの立場にいたその人が、「私洗礼ヨハネは、来られるメシヤを証(あか)しするためのエリヤ的存在である」と証していれば、誰が反対したでしょうか。(二六五―一五六、一九九四・一一・二〇)

イエス様がアダム的立場で現れたので、そのアダムの前に堕落した世界から復帰されたアダムとして責任を果たすべき人が洗礼ヨハネでした。すなわち、洗礼ヨハネは、失ってしまったアダムが取り戻されたことを象徴する立場だと見るのです。それではイエス様は何でしょうか。完成したアダムとして探し出された息子です。ですから、この天の本然のアダムと復帰されたアダムが一つにならなければなりません。新しく出てきた完成したアダムと復帰されたアダムが一つになることによって、堕落していたアダムの子孫たちがすべてここに連結され、洗礼ヨハネと共に、イエス様と共に一つになってその道に従い、天に入っていけるのです。（九〇―二〇九、一九七七・一・二）

僕（しもべ）の歴史的代表者を完結すると同時に、養子的な新しい出発の起源を備えるべき代表者が洗礼ヨハネです。歴史的な世界人類を代表し、全体国家を代表する一人の天側の代表者がいなければならないのですが、その人が洗礼ヨハネなのです。ですから、このような立場で統一教会では、「洗礼ヨハネは復帰されたアダム型である」と言うのです。復帰されたことはされたのですが、堕落していないアダムではありません。

堕落していないアダムは神様の直系の子女ですが、復帰されたアダムは血統的過程が神様と異なる立場で復帰されてきたアダム的基準の人です。それは何かというと養子の位置だということです。養子の位置であり、復帰されたアダムとして、息子の名をもてる位置に立ったのです。ですから、この洗礼ヨハネが立つ位置は、どのような位置でしょうか。天使長の立場であり、復帰された立場ではアダムの立場に立つのです。（七七―一三六、一九七五・四・六）

(五) 聖書に対する我々の態度

キリスト教が四百以上の分派に分かれるようになった原因は、どこにあるのでしょうか。イエス様に原因があるのではありません。聖書にあるのです。この聖書というものがどのようなものなのか、はっきりと知らなければなりません。なぜなら、この聖書は、この悪魔サタンが主管するその主権内に、天のみ旨を立てる諜報要員を送り込むのと同じことをしているからです。これが救援摂理です。

サタン世界で神様のみ旨を成し遂げようと工作する人がいれば、サタンが捕まえて命を奪うのです。ですから、神様は、選んだ人を送るときには、必ず象徴と比喩と暗号を通して直接的に指示を出してきたのです。ですから、聖書を文字どおりに解釈していては、神様のみ旨を滅ぼし、人類を滅ぼすという結果に直面する危険性があるというのです。(七四—一四六、一九七四・一一・二八)

聖書は、神様が送った預言者たちの言葉であり、比喩と象徴で教えてあげたものなので、文字どおりに解釈するのではなく、神様に立ち返って、神様から解く道を探し求めなければなりません。そのようにしなければ、聖書を完全に解釈することはできません。

ですから聖書では、イエス様が終末になれば聖書を研究しなさいと言われたのではなく、頭に油を塗り、密室に入っていって祈りながら、天の近くに行くことを勧めたのです。（七四―六四、一九七四・一一・一二）

聖書のみ言（ことば）は神様の暗号なのですが、その暗号を解こうとすれば、天と通じなければなりません。天と通じなければ、暗号を解くことはできないのです。この世界でいくら有名な学者や、神学博士が大勢いても、その人たちが解くのではありません。その暗号を解ける人は一人しかいません。その人によって解かれたものが統一教会の原理です。（七二―八二、一九七四・五・一九）

復活論について

第一節　復活

㈠　死と生に対する聖書的概念と堕落による死

聖書に「自分の命を救おうとするものは、それを失い、それを失うものは、保つのである」（ルカ一七・三三）とあります。ここでいう命を失うこと、つまり死とは何を意味するのでしょうか。神様が下さる永遠の真（まこと）の生命を殺しなさいということではありません。サタン世界の堕落した血統を受け継いだ生命を殺しなさいということです。ですから、み旨のために死のうとする人は生きるというのです。（二九九―七三、一九九九・二一・四）

創世記第二章七節に「主なる神は土のちりで人を造り、命の息をその鼻に吹きいれられた。そこで人は生きた者となった」とあるように、実体となったのちに神様が生気を吹き入れてくださって「生きた者」になります。それでは「生きた者」とは何でしょうか。「生きた者」とは神様が私の父であることを感じられる存在であり、神様と一体を成した世界に入っていって、切っても切れない永遠不変の神様の実体対象となる存在です。（五一—一四六、一九五九・一一・一二）

堕落した結果、どうなったのでしょうか。私たちは死亡圏内に落ちました。神様が「善悪を知る木からは取って食べてはならない。それを取って食べると、きっと死ぬであろう」（創世記二・一七）と言われたように、死亡圏内に落ちていきました。ヨハネによる福音書第八章四十四節を見れば、「あなたがたは自分の父、すなわち、悪魔から出てきた者であって、その父の欲望どおりを行おうと思っている」とイエス様は指摘してしまいます。つまり神様を父として侍る（はべ）べきアダムとエバが、堕落することによって悪魔サタンを父として侍るようになったというのです。（七四—一四〇、一九七四・一一・二八）

人間が堕落することによって、神様は所有主の位置に立てませんでした。万物も神様のものとしてつくりましたが、人間が堕落することによって誰が主人になったかというと、サタンです。愛を中心として万宇宙は神様の主管を受けるようになっているのですが、堕落することによってサタンの主管圏内に入っていったので、偽りの愛を中心とする愛圏内に属するようになり、すべての万物は、偽りの愛、サタン側に入っていったのです。(一二二―一三、一九八二・一〇・三一)

(二) 復活の意義

人間は、本来神様が造られ、神様と因縁が結ばれていたにもかかわらず、サタンの不倫な愛によって過ちを犯してきました。ですから、サタンの愛によって生まれなかったという、サタンが侵犯できない立場を経て再び生まれなければなりません。それで、キリスト教の教理の骨子は復活です。復活とは、すなわち重生の道理です。人間は間

違って生まれたので、再び生まれなければなりません。（一九―一九〇、一九六八・一・七）

復活とは、再び生まれることをいいます。このような言葉がなぜ出てきたのでしょうか。人間が間違って生まれたので、真（まこと）の父母と因縁を結んで再び生まれなければならないからです。今日の堕落した人間が天に帰るにおいては、誤った事実を是正するために、このような絶対的な要件が必要なのです。（二三―一六一、一九六九・五・一八）

第二節　復活摂理

(一)　復活摂理はいかになされるか

私たちが子女になるためには、何をしなければならないのでしょうか。復活しなければなりません。アダムが堕落して神様のみ言（ことば）を失ってしまい、体を失ってしまい、神様の愛を失ってしまいました。み言と人格と愛を失ってしまったのです。ですから、復帰しようとすれば、これらのものを取り戻さなければなりません。神様のみ言を中心として、み言どおりに実践し、み言どおりになって、み言の実を結ばなければなりません。（二二―一九一、一九六八・一一・二〇）

神様はみ言と共にいらっしゃるので、み言を中心として相対と授け受けすれば、相対が復活する立場に立つようになり、そのような相対と私が一つになれば、強固な実体を備えるようになります。このような実体が備わることによって、神様の心情を体恤できるようになるのです。それが備わった程度の深さや広さが大きくなるに従って、神様の心情を体恤する比重も大きくなるというのです。（二七―三三七、一九七〇・一・二）

イエス様が人々にこのように教えています。「よくよくあなたがたに言っておく。わたしの言葉を聞いて、わたしをつかわされたかたを信じる者は、永遠の命を受け、またさばかれることがなく、死から命に移っているのである」（ヨハネ五・二四）。人間は真理の言葉によって死から命に移るのです。

初めに神様は、人間と宇宙をそのみ言、ロゴスによって創造されましたが、人間は神様のみ言を否定し、そして堕落しました。それ以来、霊的な死が人間を支配してきたのです。しかし、神様は、救いのみ業を通して人間を再創造してこられました。人間は神様のみ言に対する不従順によって堕落し、神様のみ言に従順になることで再創造されるのです。神様のみ言は、主によって与えられます。み言を受け入れることは、死から生に移ることとなのです。（一九七三・一〇・二八）

神様は、人間の肉心に直接入っていって人間を全般的に主管したいと思いましたが、人間と直接的な愛を結べないので、間接戦法を通して人間の良心の世界にだんだんと深く臨在していかれて、今まで摂理してこられました。そして、歴史的に大勢の預言者たちが来て神様の愛を体恤し、それぞれが体恤したことを今まで世の中に教え続け、それを受けてだんだんと発展させてきました。それが今までの復帰の歴史でした。ですから、復帰歴史の中心は、神様が愛の復活路程をたどってこられたという結論にな

るのです。（三五―一五八、一九七〇・一〇・一三）

イエス様は、「自分の命を救おうとするものは、それを失い、それを失うものは、保つのである」（ルカ一七・三三）と言われました。命を投げ出そうとするときに、自分を生かすためであったり、復活するために死のうと考える人は、たとえ死んでも復活できません。天国に行くために死ななければならないと思えば、天国に行けないのです。

それでは、誰のために、何のために死ぬのでしょうか。愛のために死ぬのです。神様を愛するために死ぬというのです。神様を愛せなかったことが堕落なので、神様を愛さなければなりません。そのように愛してこそ、その愛を求めてこられた神様が、その愛と一つになっている私を引っ張っていくがゆえに復活するのです。（四〇―二四一、一九七一・二・六）

愛によって復活圏が可能です。生命圏によって復活が起きるのではありません。イエス様も、十字架で死んで復活できたのは、人類を愛する心、天の心を通して、人類を超えて未来の最大の理想的な新世界の人類像を慕いながら愛の心をもったので、永存できる復活圏が形成されたのです。（一〇九―二七二、一九八〇・一一・二）

ヨハネによる福音書第三章十六節を見ると、「神はそのひとり子を賜わったほどに、この世を愛して下さった」とあるのですが、どのように愛してくださったのですか。ひとり子を犠牲にして愛したというのです。そして、「御子(みこ)を信じる者がひとりも滅びないで」とありますが、誰を信じるのですか。よりために生きる道において犠牲になった御子を信じれば、滅びずに永生を得るのです。一緒に同参できる恵沢圏ができます。世の中を愛せない人は、救いを受けることができません。神様が世の中を愛されたように、イエス様も世の中を愛したために、そのために生きる道が死の道だとしても、死を超えてために生きようとしたがゆえに、死を踏み越えて復活の役事が起きるのです。もしイエス様が自分のために生きる立場に立っていれば、イエス様の復活圏はありません。（一三八―九一、一九八六・一・一九）

(二) 地上人と霊人に対する復活摂理

堕落した世界は、サタンが支配する世界です。それは考えだけではなく、事実です。今日の環境的な事実が、霊的に見ればそのようになっているのです。

それでは、なぜ信じなければならないのでしょうか。アダムが堕落したのは信じることができなかったからです。信じることができず、行うことができなかったので、天に侍る(はべ)ことができなかったのです。これが三大条件です。行義の時代(旧約時代)、信義の時代(新約時代)、侍義の時代(成約時代)というのはアダムが行けなかった道です。アダム自身が堕落することによって、サタンの支配圏の中に入ったので、アダムが本来いなければならないその位置を、歴史的に探し求めていかなければならないというのは、不可避的なことです。(二六一—二一八、一九八七・二・一五)

行いの義や、信仰の義や、侍る義を追求するのはなぜでしょうか。義がなければ、善悪を分別できないからです。悪の世界と善の世界を分けられないのです。その善の中心点とは何かというと神様です。神様が信じるように、神様が行うように、神様が侍るように、常に神様が中心にならなければならないのです。

それはなぜでしょうか。サタンは、神様のように義の人には讒訴(ざんそ)できないのです。神様が信じ、神様が行い、神様が生活する、その侍る環境にいれば、サタンが干渉することはできません。常に、サタン圏内にいたとしても、その環境に神様と共にいることのできる義の基準ができれば、サタンはそこから後退するのです。

しかし、行いの旧約時代が過ぎ、信仰の新約時代が過ぎて、侍る成約時代だけがあるのではありません。旧約時代にも信仰が必要であり、新約時代にも行いが必要であり、侍る生活もすべて必要です。成約時代にも信仰が必要であり、行いが必要であり、みな必要です。それは、蘇生(そせい)の上に長成があり、長成の上に完成があるのと同じことなのです。それは、離そうとしても離すことのできないものです。(一六一―二一八、一九八七・二・一五)

イエス様が地上に来られることによって、それ以前の善の先祖たちが霊形体級の霊界から生命体級の霊界に入れたのと同様に、皆さんの先祖たちも地上にいる皆さんを条件にして、再臨できる特別な恵沢圏内に入ってきました。皆さんがこのようなみ旨を知って、勝利すれば、一つの生命体を成し得る立場になるために、皆さんの先祖が皆さんに協助するのです。このように、皆さんは、数千代の善の先祖たちが再臨し得る基盤になるべきです。イエス様当時は、霊界で条件的に生命体級の復活のための協助をした時代でしたが、今は、霊界が無条件的に生命体級の復活のための協助をする時代です。（二四―二一、一九六四・四・一九）

真（まこと）の父母様がこの地上に現れることによって、地獄から地上世界を通って天上世界まで戻っていける道ができました。地獄から地上と天上世界まで通じる道ができたので、皆さんが精誠を尽くせば、霊界と通じるのです。

皆さんの先祖たちは、再臨復活という理想があるので、地上で天の前に精誠を尽くせば、天は、地上にいるすべての人たちを救ってあげるために、霊界を動員するのです。精誠を尽くして霊界を動員することによって、自分だけが発展するのではなく、霊界にいる人までも発展させられるのです。

真の父母様がそのような道を開拓することによって、地上で暮らす人が願えば、高い霊界にいる人たちが地上で相対できる人のところに思いどおりに訪ねてくることができ、地上の人たちも霊界に行き、自分以下の人、地獄にいる人たちまで、いくらでも訪ねていくことができ、行ったり来たりできるというのです。行って教えてあげることができるのです。

ですから、地上で私たちが公的な仕事や一つの国の仕事をするのは、一つの国の仕事ではありません。地上の仕事であると同時に、天上世界の仕事を解いていっているのです。地上で恵沢を受け、地上にいる人たちが霊界と関係を結べば、皆さんが霊界に行ったとき、その人たちが、皆さんを中心としてすべて手足となり、どんな活動でもできる基盤になってくれるのです。（二六八―一八三、一九九五・四・二）

人間は、自分が今暮らしている所が、善と悪を中心として善の側か悪の側かということを決定しなければならない中間の立場にいます。また、私が善の方向に行くのか悪の方向に行くのかということも、第三者の力を借りて決定するのではなく、自分自らの判断によって決定しなければなりません。さらには、責任分担を果たせずに堕落した人間の子孫となった私たちは、必ずこれを決定しなければならない重大な岐路にいるのです。(二九―三三三、一九七〇・三・一四)

もし皆さんが、この地上で責任を果たせないときは、皆さん自身の子孫を代わりに立てなければなりません。自分を救ってくれるメシヤのような立場に、その子孫を立て、彼らを助け、彼らの事情を見てあげながら協助してあげなければならないのです。彼らをして、皆さんが生きている時にできなかった責任分担を成し遂げられるように協助しなければならない立場に置かれるというのです。これが再臨復活の現象です。

私たちが霊界に行って、再臨復活しなければならない立場に置かれるとすれば、そのような立場で幸福でいられるでしょうか。それは、不可能です。あってはならないことです。自分の責任を果たせなかった人は、責任を果たした栄光の位置には行けません。霊界は、無限の功績の世界なので、自分の責任をすべて遂行できなければ、そのままでは入っていけないのです。再び責任を遂行する時まで、数百、数千、数万年、すなわち長い時間が延長されるのです。それは、当然の道理です。そのような立場であることを考えてみるとき、今日、私たちが生きているこの時がどれほど貴重でしょうか。（三〇―一七五、一九七〇・三・二二）

(三) 再臨復活から見た輪廻説

霊界にいる霊人たちは、地上の人間を通じて自分が恵沢を受けるのを願います。これが霊人たちの要求です。堕落していない本来の人間は、天使世界と宇宙を主管できる価値のある存在です。人間が堕落することによって何段階も下に落ちたので、再びその位置まで上がっていかなければなりません。上がっていくにも、一遍に上がっていくのではなく、段階を経て上がっていくのです。段階を経て、個人、家庭、氏族、民族、国家、世界、天宙まで復帰して上がっていかなければなりません。一遍に上がっていく道がないので、一段階、一段階を開拓しながら、個人から家庭に、家庭から氏族に、氏族から民族に、段階を経ていかなければならないのです。

神様の摂理を見れば、旧約時代、すなわち個人を救い得る個人的な摂理時代以前に死んだ霊人たちは、その時代に入って恵沢を受けようとします。それで、一段階を上がっていくためには、必ず蕩減（とうげん）が起こるのです。一段階を越えるためには、カインとアベルのときのような蕩減役事が、必ず起こるのです。

ある霊人が、この時代を経てきながら甲という人に協助してきたとしても、一段階を越えていくためには、そのままでは越えられません。ここには必ず蕩減期間があるのです。それは、一日、二日で成されるのではなく、七年や四十年、七十年、あるいは何世紀を経ていくことがあります。

ですから、ここで協助した霊人は、その蕩減期間が終わらないうちは続けて上がっていけないので、霊界に帰るのです。その霊人は、地上にいる甲という人が基盤をすべて築いてくれるのを願っているのですが、その人がその期間内に蕩減を果たせずに死ぬことになれば、その霊人は、第二次に乙という人を選んで、乙に再臨するのを待ち望みます。ですから乙に再臨する霊人は、甲に再臨していた霊人です。

その霊人がパウロなら、パウロが時代的に一段階、一段階上がっていくためには、第一次に再臨した甲という人が蕩滅期間内に蕩滅を果たせずに死んだ場合、第二次として乙という人に再臨して、協助して上がっていくのです。このように必ず蕩滅期間があるのです。蕩滅期間は、原理的な期間があって、短期間にはなされません。

第二次に選んだ乙という人が蕩滅できなくなれば、その次には、丙という人を選んで再臨します。この時に、乙が「私はパウロの霊の協助を受けて今役事している。私がパウロだ」というような文章を書き残していたとすると、その次の時代の丙という人も、「パウロだ」というような霊の協助を受けて役事している。私がパウロだ」と言います。このようになるので、結局は、パウロの霊が乙として現れ、再び丙として現れたのと同じように見えるのです。このような現象が起きると、これだけを見て「輪廻だ」と言うのです。リーインカーネーション現象（転生）のようなものとして現れます。しかし、それは全体を知らないために、そのように言うのです。

本来の人間は、サタンの支配を受けず、神様の直接主管圏内で暮らさなければならないのに、堕落することによって堕落圏で暮らすようになったので、それを抜け出すためには、個人として蕩減（とうげん）し、家庭として蕩減しなければなりません。これを蕩減せずには抜け出せないのです。霊人は、必ずその時代ごとに再臨現象を経て現れるので、それが輪廻（りんね）、すなわち生まれ変わる現象に見えるのです。

　このような観点で見るとき、皆さんも同様です。皆さんが個人的にただ信じて死ぬようになれば、家庭をもてなかったために、家庭基準、氏族基準、民族基準、国家基準、世界基準といった段階をすべて越えていかなければなりません。ですから、何億万年かかるかもしれないのです。それは無限と同じです。

　イエス様も国の基準を超えられなかったので、国の峠を越えるために再びやって来て、国の峠を越えて初めて天国に入ることができるのです。イエス様は、今楽園にいますが、同様の道理です。

　このような立場で、イエス様がこの中のある人に再臨して、その人を直接指導するようになれば、イエス様が臨在したその人は、「自分がイエスだ」と言います。それだけを見れば、昔のイエス様が生まれ変わったと思うので、輪廻説のように見える現象が起こることになるのです。皆さんは、このような霊的世界をよく知らなければなりません。

このような観点で見るとき、統一教会の復活論は、霊界の事実にそのまま当てはまるのです。言い換えれば、統一教会の復活論は、霊界の公式を皆さんに教えてくれているのです。今までの数多くの宗教人たちが、そのような未知の霊界の事実を体験はしましたが、それがどのようになっているか、その事実を知りませんでした。（五四―二七七、一九七二・三・二六）

第三節　再臨復活による宗教統一

㈠　再臨復活によるキリスト教統一

冬が過ぎて春が訪れるようになるのですが、春を防御しようとして訪れる春を止めることができますか。冬の間、ずっと防御したとしても、できません。春は他の所から飛んでくるようになっています。それ自体の中で解決することはできません。解決しようとすれば、それ自体の中でするのではなく、他の所からしなければなりません。統一教会が統一しようと主張していますが、その統一の方案はそれ自体の中にあるのではなく、他の所にあるのです。その他の所が正に霊界です。（二四―二六四、一九六九・八・二四）

今までの歴史過程において、大勢の宗教者たちが信仰の対象として神様を求め、神様と霊的につながればすべてが解決すると思っていました。しかし、実際に霊界に行ってみると、そうではなかったというのです。再び地上に再臨復活して、協助基盤を築かなければならないのです。彼らは、民族的基盤や国家的基盤、世界的基盤を築かなければならない使命を中心として、再び地上に来て闘っていかなければなりません。（三〇―一六、一九七〇・三・一四）

今までの霊界から地上を協助できない時代から、霊界が地上を協助できる時代に入ってくることによって、イエス様が霊的にこの地上に再臨復活して、キリスト教の霊人たちをつけ、キリスト教の運勢を追い立てて統一教会に結合させる時が訪れてくるのです。（八八—一一九、一九七六・八・八）

統一教会は、肉的な世界よりも、霊的な世界が協助してくれるようになっています。それが原則です。霊界から教えてくれて実体基盤を築いてきたのが統一教会の歴史です。霊界の霊人がキリスト教を信じる信者の中で特別な人に教えてあげて、彼がアベルの立場に立てば、キリスト教と霊界が一つになります。そのようになれば、この一つになった所から、ユダヤ教のような地上基盤が出発するのです。（五七—三二七、一九七二・六・五）

㈡　再臨復活による他のすべての宗教の統一

宗教統一はどのように成されるのですか。再臨復活によって成されるのです。これから再臨復活です。霊界をすべて祝福したので、もうほかに行く所がありません。祝福を受けてどこに行くのですか。地上にいる父母様の所に行って協助しなければなりません。ですから、皆さんは、日常生活において一人で考えて行動してはいけないというのです。既に皆さんの背後で、霊界にあらゆる人たちがいて、目の前で見ていますす。呼んで願えば、協助してくれます。霊的な先祖たちを呼べば、来て協助することを感じなければなりません。(三〇二―三二〇、一九九九・七・二)

宗教統一は、神様の命令によって成されるものであって、人間の力ではできません。霊界にいる自分たちの教主が現れて、教えてあげることによって統一されるのです。そのようなことが今、最高レベルの宗教界で起きているのです。(二一三―一七一、一

九九一・一・二〇）

全霊界が総動員して、統一教会を信じるように協助できる時代に入ってきました。仏教なら釈迦（しゃか）が協助し、儒教なら孔子が協助し、キリスト教ならイエス様が協助し、そして自分の先祖がすべて協助し、何の実力もない皆さんに屈服して、皆さんの行く道を築いてくれるようになっています。そのようになったので、神様がその場に臨在するのです。天使と共に神様が臨まれるようになるというのです。（一〇〇―二二一、一九七八・一〇・一四）

宗教を統一することに対しては、霊界が協助してくれます。霊界には、仏教を信じていた霊人もいて、儒教を信じていた霊人、イスラームを信じていた霊人など、あらゆる宗教を信じていた霊人たちがすべて集まっています。このような群れが協助するようになっています。霊界に統一の運勢が起きているのです。このようになれば、いくら反対しても、地上に統一の運勢が訪れるようになるのです。（二四―二六四、一九

六九・八・二四）

統一教会を協助する善の霊界と、その傍系の天使世界の霊たちが一緒に地上に再臨します。再臨するときは、カイン圏の天使世界がサタン世界のサタンを追放しなければならない使命が残っていて、善の霊界の霊人たちが地上の善の宗教を統合させる運動をしなければならない使命があるのです。ですから、地上ではだんだんと悪の運勢が消えていき、サタンの権勢がだんだんと没落していきます。サタン世界に所属していた者たちが自動的に分立され、だんだんと足場が崩れていくというのです。（一五八―一三〇、一九六七・一二・二六）

(三) 再臨復活による非宗教人の統一

今までの皆さんの先祖たちは、神様の全体的な復帰摂理と何の関係もない先祖たちでした。しかし、皆さんが氏族を復帰することによって、真（まこと）の氏族的な父母の使命を完遂するようになり、霊界の善の聖徒たちによって、皆さんと共に再臨復活の恵沢を受けられる特権的な恩賜が展開するのです。そうして、善の先祖たちが地上に無数に再臨できるようになります。そのような時代が来るので、悪のサタン世界はだんだんと消えていき、統一の運勢が新しい世界へと、だんだん越えていくようになるのです。

（一九一一六五、一九六八・一・一）

今日、地上では、統一教会に来て祈祷すれば、一週間以内に先祖が現れて、すべて教えてくれるのです。そのようなところにまで来たということです。それは何を意味しているかというと、今まで宗教が世界的版図をつくって、心情的絆（きずな）によって縦的な行路を築いてきたのですが、そこから横的版図を世界的に広め、この世界の果てまでつないだので、霊界に行った先祖が氏族を中心として、初めて地上に再臨して協助できる時代になったのです。

それでは、善の霊はどうなるでしょうか。昔は、来て、協助しては帰っていったのですが、これからは地上に定住するのです。そのような時代が来るのです。霊界に行った善の霊が初めて定着して住むことのできる時代になるというのです。皆さんが統一教会に来て活動するときに、善の先祖が皆さんと共に暮らして協助します。ですから氏族復帰が可能なのです。（一六三―三〇一、一九八七・五・一）

祝福を受けた家庭の位置は、イエス様を中心として見れば、イエス様の願いを代わりに成した位置です。ですから、イエス様の時に、イエス様によって旧約時代のあらゆる霊人たちが再臨復活し、長成級に上がっていける特恵を受けたのと同じように、皆さんの先祖たちが、今まで復帰摂理の路程には何の関係もなかったのですが、祝福を受けた家庭を通して、その特恵を受けることができるのです。それは、皆さんが祝福を受けることによって、先祖たちと関係を結べる内的勝利の条件を備えておいたので、復帰摂理の途上において先祖たちが協助しなかったとしても、この道に乗ってさえ来れば、皆さんが実を結んだ価値を標準として、み旨の前に実を結ぶというのです。それは、六千年の因縁を経て結ぶ実です。

言い換えれば、アブラハムの直系の血統を受け継いだ者たちだけが地上に再臨できるのですが、皆さんが祝福を受けることによって、皆さんの先祖たちが皆さんを通して再臨できる、特権的な恵沢が与えられるのです。すなわち、皆さんの先祖たちが、イエス様が来る時まで、み旨の前に忠誠を尽くしてきた忠臣の班列に同参した資格をもち、皆さんの家庭を通して横的に再臨復活の役事ができるというのです。（三一―二七八、一九七〇・六・四）

予定論について

第一節　み旨に対する予定

神様は、永遠、不変、唯一、絶対のお方です。したがって、神様のみ旨も永遠、不変、絶対的でないはずはありません。神様が人間を創造される時の目的と理想があったので、その目的が成し遂げられていたならば、その世界は、愛によって統一された世界であり、神様を父として侍り、全人類が兄弟姉妹として仲むつまじく暮らす単一世界となり、大家族世界となっていたはずです。（八一―一五八、一九七五・一二・一八）

み旨には個人として行くべきみ旨があると同時に、家庭として行くべきみ旨があり、その次には氏族を超えて国家として行くべきみ旨があり、世界が行くべきみ旨があります。神様には本来、人々が行くべきみ旨の世界はこうだという創造理想があったことは間違いないので、いくら人類が堕落し、人間世界がいくら悪だとしても、そのみ旨の道は残っていることを私たちは知らなければなりません。神様は絶対であり、永遠、不変、唯一の方なので、その方のみ旨も絶対であり、永遠、不変、唯一のみ旨に間違いありません。(九〇―一三六、一九七六・一二・二五)

神様は摂理路程で、終末期を迎えるごとに、神様中心の理念圏へと人類を導いてこられましたが、人類は、自ら責任分担を果たすことができず、悪の歴史を整理して善の立場に立てませんでした。

しかし神様は、絶対、唯一、不変、永遠の方であられるので、神様のみ旨に対する予定も絶対的です。ゆえに神様は、堕落によって人類が失ってしまった真(まこと)の個人、家庭、社会、国家、世界、そして真の主権の復帰を通じて、天上と地上に神様が運行できるその世界を取り戻し、成し遂げられるのです。(二〇〇〇・一・二二)

第二節　み旨成就に対する予定

み旨が成し遂げられるには、み旨を成し遂げ得る人が必要です。神様は、長い歴史時代を経てきながら、アダム家庭からノア家庭、アブラハム家庭、モーセ家庭を選び、み旨に従い得る人を立てられました。もし立てられたその人が、天の因縁を地に連結させる責任を果たせなくなるときには、み旨を成就させる方向さえ備えられなくなるのです。（二八―六八、一九七〇・一・四）

創世記第六章六節を見ると、堕落以降、神様は人間を創造したことを嘆かれました。そのように、堕落したことに対して後悔されたことを見れば、神様は人間が堕落することを願われたのではなく、堕落しないことを願っていらっしゃったという事実を私たちははっきりと知ることができます。今日のキリスト教徒たちの中には、アダムと

エバが堕落するようになったことも神様のみ旨だと思っている信者たちが大勢います。（七四―一三七、一九七四・一一・二八）

今日の私たち統一教会を中心として見てみれば、統一教会がみ旨を抱いていく行路において、このみ旨を成就させるかさせられないかということが問題です。み旨というものは、個人に該当するみ旨もあり、全体に該当するみ旨もあるので、個人に該当するみ旨に相対できる人たちと、全体に該当するみ旨に相対できる人たちがいなければ、み旨を成就することができません。いくらみ旨が成就できる時を迎えたとしても、その人が責任遂行を果たすことができなくなれば、み旨を成就できる一時も失ってしまうようになるのです。（二八―六八、一九七〇・一・四）

創造の偉業を経綸（けいりん）された以降の神様は、どのような神様ですか。完成のみ旨を見ることができなかった神様です。その神様に侍（はべ）ってきた人類は、どのような人類ですか。完成を見ることができないまま呻吟（しんぎん）している人類です。では、いつ神様の解放の日が来るのでしょうか。いつ私たち人類の解放の日が来るのでしょうか。その解放というものは、責任分担というものを中心として訪れなければなりません。そうでなければ、私たち人間が願う理想世界、いわゆる統一教会が願っている地上天国実現というものは不可能です。

それでは、責任分担を完成した立場の人間とは、どんな人間でしょうか。神様のように完全な人間だというのです。神様が九五パーセントを創造したわけですが、人間が共に一〇〇パーセント完成させたという創造の資格を賦与される位置に立つことによって、それが人間の完成であると同時に神様の創造の偉業の完成になるのです。創造の偉業の完成であると同時にみ旨の完成であり、み旨の完成であると同時に神様の完成になるのです。このようなことが言えるのです。（一三〇―一九、一九八三・一二・一一）

神様は人間に、なぜ責任分担というものを与えたのでしょうか。それは、神様が九五パーセントをすべて創造し、人間が努力して神様が計画された創造に協助して、一〇〇パーセントの価値的基準を立てることによって、私たち人間にも神様がみ旨を完

成するに当たって同参したという価値を与えるためです。（一三〇―一九、一九八三・一二・一二）

今日、統一教会で提示した責任分担という言葉は、偉大な言葉です。今日の人類歴史を神様の摂理とともに相対的立場で関連をもつことができ、解決できる言葉が責任分担という言葉です。責任分担を果たせなくなるときは、神様のみ旨が延長されていくのです。統一教会にもこのような運命があります。それで、責任に対しては決死の覚悟をもたなければなりません。誰かと相談する問題ではありません。絶対的なのです。（一三八―二七一、一九八六・一・二四）

第三節　人間に対する予定

神様がアダムとエバに干渉できなかったのは、人間の責任分担というものがあったからです。彼らが蘇生、長成、完成の成長期間を経て直接主管圏内で祝福を受けていれば、すなわち人間の責任分担五パーセントを完成していれば、すべてのことが終わったでしょう。そこから新しい出発、個人的な人生と家庭的な人生が始まっていたのであり、私たちの歴史的なすべての出発において、神様のみ旨を完成していたでしょう。

そうしていれば、そこから真の愛を中心とする、神様の血族となる真の父母が出てきて真の家庭、真の子女を立てて、氏族、民族、国家を編成し、地上に、神様が願っていた理想を実現した国家が成し遂げられていたでしょう。それが地上天国です。（二五二―二二七、一九九四・一・二）

霊界に行くようになれば、神様が公義の裁判官になって「あなたは地獄行き」と言うのではありません。絶対そのようには言いません。神様はそのような神様であり得ますか。人類の父であられ、善の王の中の善の王であられる神様が、地獄に行けと地獄をつくっておいたのでしょうか。予定論のようなことを言う人は、とんでもない人です。（二〇一―二七三、一九九〇・四・二九）

もし救いが予定された人やそうでない人がいるなら、神様が、「この人は地獄に行くことが予定された人だから天国に行ってはいけない」と言い、また「この人は天国に行くことが予定された人だから、行くことができない（行く条件のない）人でも行きなさい」と言う、そのようなことが起きるでしょう。そのような限定的な圏内でそのようなことが起きるのです。しかし、神様の救いは世界救援です。それが予定されたことです。忠臣の息子、娘だからといって、彼らが自分勝手にしようとすれば、神様が引っ張り出します。そのような人は罪悪の子女なので、罰を受けなければなりません。しかし、すべて蕩減すれば違います。

いくら大きな罪を犯した人でも、世界のあらゆる罪を代わりに背負うために立ち上がれば、彼は神様の前に帰ってくることができる見込みがあります。いくら大きい民族的な罪を犯したとしても、世界的な逆賊や殺人者を打つ人は、世界的な時代で、民族的な罪の赦しを受けることができるのです。救いとは、そのように受けるようになっています。ですから、キリスト教で主張する予定説というものは、この上なくいい加

滅なものです。(一七—一七三、一九六六・一二・一八)

長老派教会の教理は、神様は公義の審判長になって、予定して救援なさるというのですか。そのような類(たぐ)いの狂った、ばかげた話がどこにありますか。それこそ詐欺師です。私が調べてみると、神様はそうではありません。本来、人間が生まれる時、神様が天国に行くように造っておいたり、地獄に行く人を造っておいたりするなら、それがどうして善の神様ですか。理論として通じません。理論として通じてこそ、常識に合うのです。常識に外れた真理はありません。(二〇〇—一九二、一九九〇・二・二五)

キリスト論について

第一節　創造目的を完成した人間の価値

私たち人間の欲望を見るとき、この宇宙に神様がいらっしゃるなら、その神様と愛を中心として、切っても切れない立場に立った父と息子の関係になることが人類の希望であり、私たち人間の欲望の終着点です。

私たち人間の価値は、このような立場にまで大きくなろうとします。その立場を見れば、父は上にいて、息子は下にいます。しかし、人の欲望は、その父の立場も私が所有したいと思うのです。神様は愛の神様でいらっしゃるので、そのような欲望をもっている私たち人間に、神様と同じ立場までも許諾したいと思われるのです。言い換えれば、人間が外であれば神様は内です。人間を中心として見てみれば、人が体であれば神様は心の立場に立ち、人間と同等な立場でいらっしゃろうとします。皆さんも、父母に良いものがあれば、自分ももちたいと思うのです。ですから、神様は高い所、

神様と同じ立場を人間に許諾するのです。（五三―五五、一九七二・二・八）

人間の尊厳性と人権は、人間が創造主、神様の子であるというところから起因するものです。人間が神様と同じように神性をもっているということから、人間の高貴な価値が生まれるのです。人間に害を及ぼすことは神様を害することであり、人間を愛することはすなわち神様を愛することになるのです。人間一人一人は神様が造られた個性真理体であり、人間一人一人は神様御自身を表す実体であり、人間の生命は神様が永遠であられるのと同じように、永遠のものです。（一六四―一九〇、一九八七・五・一五）

人間には、心と体があり、心の上位には霊人体があり、その霊人体が入っていって暮らす霊界の上位には、神様がいらっしゃいます。そして、人間は、真（まこと）の愛を通して神様と完全に一つになるとき、完全な人になるのです。このような観点から、完全な人とは、たとえ小さな個体の姿であったとしても、全体歴史を代表した存在であり、また、未来のすべての因縁を代表した存在なので、天宙的な価値を備えているのです。私たちが本当にこのような天宙的な価値を知れば、生きていくにおいて、心を先に立てて従っていく人生を生きていくべきだということが明確になります。（二〇〇六・四・一〇）

第二節　創造目的を完成した人間とイエス

イエス様は、どのような存在だったのでしょうか。彼は、四千年間神様が慕ってきた神様のひとり子として来られた方でした。慕っていた実体を御覧になる神様の心は、どれほど喜ばれたでしょうか。誕生したその日、天の天使天軍も彼を歓迎し、詩歌を捧げました。異邦の東方博士たちも彼に敬拝して礼物を捧げ、羊飼いも彼に敬拝しました。これはなぜですか。イエス様が寝ていたのがたとえ飼い葉桶（おけ）だったとしても、四千年目に初めて神様が愛し得る息子であったために、彼らはそのようにイエス様に

接したのです。（八―九七、一九五九・一一・二二）

イエス様は、神様をどのような方だと言いましたか。彼には、神様は友人の父でもなく、国の統治者でもなく、世界的ないかなる統治者でもないと言いました。神様は私の父だと言ったのです。それだけでなく、自分は神様のひとり子だと言いました。神様がいれば息子がいなければなりませんが、イエス様が最初の息子であり、一人息子だというのです。（二三―二二、一九六九・五・一一）

ヨハネによる福音書の第十四章を見ると、「わたしが父におり、父がわたしにおられる」とあります。神様とイエス様自身が一つだということです。それは何かというと、愛を中心として語った言葉です。愛を抜きにしてどうして、「わたしが父におり、父がわたしにおられる」と言うことができますか。そのような言葉は、とてもこっけいであり、話にならない言葉です。ですから、愛を中心として、神様と完全に一つになれる資格をもった方がイエス様です。（九四―三九、一九七七・六・二六）

神様を中心とする三位一体が崩れたので、これを再び探し立てなければなりません。それで、アダムの代身として立てられた存在がイエス様です。アダムが失敗したので、失敗した三位一体の空席を埋めるためにイエス様が来られたのです。ところが、このような内容も知らずに、イエス様は神様だと言っています。神様が神様に祈るのですか。「アバ、父よ、あなたには、できないことはありません。どうか、この杯をわたしから取りのけてください」（マルコ一四・三六）と祈ることができるのですか。では、神様が二人いるのですか。それでは、イエス様が十字架にかけられて亡くなったとき、神様自身が十字架にかかられたということになってしまうのです。（二二一―一八三、一九六九・五・四）

第三節　堕落人間とイエス

アダムは、心情が未熟な立場で堕落しました。神様の心情が分からずに堕落したというのです。心情を体恤（たいじゅつ）してきた人は、この歴史時代にイエス様しかいませんでした。神様の心情を蹂躙（じゅうりん）したとき、アダム一人がしたのではなく、アダムとエバがしたので、アダムとエバが心情的一致基準を示すまでは、神様の心情解放の基準を立てることはできません。（九七―三〇三、一九七八・三・二六）

テモテへの第一の手紙第二章五節を見ると、「神と人との間の仲保者もただひとりであって、それは人なるキリスト・イエスである」とあります。彼は罪のない人であり、堕落した人間は罪のある人です。これが違うところです。ですからイエス様は、神様の愛と交わることができ、生命と交わることができ、理想と交わることができる方です。（六九―七九、一九七三・一〇・二〇）

イエス様は、救世主として地に対する使命感と責任感が強ければ強いほど、大きければ大きいほど、自分に対する存在意識と所有観念が強くなるのですが、自分が自分のために生きてはいけないことを、あまりにもよく御存じでした。そしてイエス様は、自分はどこまでも神様のものとして、神様に所有されなければならないことを理解し、神様の心情を体恤(たいじゅつ)できると同時に、神様のみ旨を求めていくことができました。ですから、神様の心情を自分の心情として代わりにもつことができたのであり、神様のみ旨を自分のみ旨として受け止めることができる立場に立つようになったのです。そして、被造物の前に、天のみ旨に従い、天の心情に従っていくべき人間の前に、救世主としての資格を備えることができたというのです。(五—一五、一九五八・一一・九)

イエス様がゲッセマネの園で一人祈るとき、三弟子が共に一晩目を覚ましていることができずに眠っているのを御覧になっても、なぜ彼らを叱責できなかったのでしょうか。それは、四千年間、自分に背く人間が大勢いたにもかかわらず、叱責することも審判することもなさらなかった神様の心情を御存じだったからです。

むち打たれながら十字架を背負ってゴルゴタに向かっていくとき、イエス様は天を恨むこともできましたが、神様が四千年間、復帰の摂理を進めていくために、自分が十字架を背負う以上の困難な峠を越えてこられたという事実を御存じだったために、恨むことができなかったのです。自分自身を振り返って、他のことを考える余地がありませんでした。

十字架上で命が絶える立場に立ったときにも、イエス様は不信する人間を恨みませんでした。自分がそのような立場に立つことによって、自分を通して万民に神様の事情と心情が伝えられることがお父様のみ旨であることを御存じだったからなのです。かえってイエス様は、痛切な心情を抱き、天に対して頭を下げ、申し訳ない思いをもたれました。ですからイエス様は人類のメシヤになることができたのです。(四一—一一二、一九五八・三・二三)

第四節　重生論

ヨハネによる福音書の第三章を見ると、ニコデモがイエス様を訪ねてきました。イエス様は彼が訪ねてきた理由をすぐに悟られ、「だれでも新しく生れなければ、神の国を見ることはできない」と語られました。その言葉にニコデモは、「人は年をとってから生れることが、どうしてできますか。もう一度、母の胎にはいって生れることができましょうか」と言いました。するとイエス様は、「イスラエルの教師でありながら、これぐらいのことがわからないのか」と言って反論されました。結局は、間違って生まれたので、再び生まれなければならないということが起きるようになるのです。
(五三―一九七、一九七二・二・二二)

愛を中心として考えてみるとき、僕の僕の愛から僕の愛、養子の愛、直系子女の愛を経て、夫婦の愛、父母の愛にまで上がっていかなければなりません。その次に、父母の愛を通して子女として復活するのです。これがキリスト教で言う重生です。

父母の心情に通じるためには、どのようにしなければなりませんか。人の生命は必ず父母の愛を経て生まれるので、父母の愛を受けたという基準があってこそ、父母の心情に通じることができます。それでは、父母の愛は、何を中心とする愛なのでしょうか。真の愛の主人公は神様なので、神様を中心とする真の父母の心情、真の愛の過程を経て、初めて重生することもでき、復活することもできるのです。(一八一二〇、一九六七・五・二八)

今日までのキリスト教においては、聖霊を男性だと考えていますが、聖霊は母親の役目をしてきました。母なる聖霊を通過し、父なる霊、すなわちイエス様の霊を通過して、私たちは霊的基準において重生するのです。

もちろん、私たちは母の胎内で生まれたわけですが、さらにもう一歩深くさかのぼって考えてみると、生命の起源は父親から出発するのです。母親の胎内までさかのぼることによって、血統は交差し、復帰されましたが、この場合、まだ父親を迎えていないのです。ですから、今日までクリスチャンは、母の霊による聖霊の力により、根源そのもの、すなわち生命の起源であるところの父なる来たるべきキリストのもとへ帰ることを待ち望んできたのです。堕落する前に、既に息子や娘の生命は、すべて父親であるアダムの体中で一つの種として出発していたはずです。すなわち、息子や娘になる種は父親の体中にあるのです。

このように根本的に考えてみると、私たちは、霊的にのみ生まれるということでは満足できません。霊と肉、すなわち霊肉共に生まれなければならないのです。そのために、私たちは霊肉共に再出発するために、種の立場にまで立ち返らなければならないのです。その摂理を成就するために、イエス様は、真の父母となる花婿と花嫁が来て、その真の父母を通して私たちは再び蒔かれる種に立ち返り、新しい生命として、この世に生み直されて出てくるということを約束されたのです。ですから、私たちが再び生まれてくる時には、一つの新しい復帰された生命として生まれてくるのです。（五五―一一七、一九七二・四・一）

聖霊を受けるとはどういうことですか。聖霊の体をまとうということです。皆さんは全員、母の腹中に再び入っていかなければなりません。イエス様が死んだので、再び生まれなければならないのです。生まれるには母の神だけではできません。父の神がいなければなりません。聖霊を受けることによって、新郎であるイエス様を思慕する力と完全に一つになれる基準に入っていかなければなりません。そうしてこそ、私が霊的に復活できるのです。ですから、皆さんは、イエス様を父のように思い、聖霊を母のように思う、それ以上の位置に行かなければ復活できる道がないという理論が、ここで成立するのです。

本来、人が生まれるときに、霊人体と肉身が分かれて生まれるようになっていなかったのです。ところが、イエス様が死ぬことによって、霊人体は生まれましたが、肉身が生まれていない立場にいるので、イエス様が再び来ざるを得ません。

ですから、イエス様を信じる人たちは、すべて世の中を捨て、霊界に行ってイエス様が来るときに、再臨主、真の父母が来るときに、その真の父母のおなかの中を経て再び生まれたという条件を立てなければ、生きる道がないのです。言い換えれば、皆さんは堕落していない母を迎える前に、真の父のおなかの中に娘や息子の種として入っていてこそ、母を通して出てくるのです。

それで、聖霊を通して、イエス様を通して、「主よ！　主よ！」と言って、すべて主の体の中に入っていこうとするのです。霊的にそのようなことをしているのです。

それで、イエス様が再臨するときに、霊的に入っていった者たちがイエス様の肉身を通して一つになり、その次に母を通して出てくることができるのです。それが完全復帰の道です。サタンの血統を完全に除去して、ついに復帰されたという立場に立ちます。これが心情と血統を入れ替えるための復帰の道です。(八九―二一八、一九七六・一一・二二)

文鮮明先生のみ言に学ぶ統一原理【前編】

2012年６月20日　初　版第１刷発行
2018年９月20日　第２版第１刷発行
2025年１月13日　第２版第３刷発行

編　集　世界平和統一家庭連合
発　行　株式会社 光言社
〒150-0042　東京都渋谷区宇田川町37-18
https://www.kogensha.jp

ISBN978-4-87656-358-6